KĀLIDĀSA - SAṄGĪTA - MAÑJARĪ – 2

ṚTUSAṀHĀRA - SAṄGĪTA - SURABHI

(MUSICAL RENDITION OF ṚTUSAṀHĀRA)

ऋतुसंहार - सङ्गीत - सुरभि

DR. SUSHMA KULSHRESHTHA
DR. J.S. KULSHRESHTHA

Kālidāsa-Saṅgīta-Manjarī-2

Ṛtusaṁhāra-Saṅgita-Surabhi

KĀLIDĀSA-SAṄGĪTA-MAÑJARĪ-2

ṚTUSAṀHĀRA-SAṄGĪTA-SURABHI

[MUSICAL RENDITION OF ṚTUSAṀHĀRA]

DR. SUSHMA KULSHRESHTHA
F.R.A.S. (London), D. Litt.
Department of Sanskrit, Daulat Ram College
University of Delhi.

&

ACHARYA DR. J. S. KULSHRESHTHA
Ex. Principal
Institute of Music and Fine Arts
Jammu (Kashmir).

Eastern Book Linkers
DELHI :: (INDIA)

Published by :
EASTERN BOOK LINKERS
5825, New Chandrawal, Jawahar Nagar,
Delhi-110007
Phone : 2520287

ISBN : 81-85133-66-2

First Edition : 1992

Printed by :
Amar Printing Press (Sham Printing Agency),
8/25, Double Storey, Vijay Nagar, Delhi-110009

कालिदास-सङ्गीत-मञ्जरी–२

ऋतुसंहार-सङ्गीत-सुरभिः

[Musical Rendition of Ṛtusaṁhāra]

डॉ० सुषमा कुलश्रेष्ठ
एफ़० आर० ए० एस० (लन्दन), डी० लिट्०
संस्कृत विभाग, दौलतराम कॉलेज
दिल्ली विश्वविद्यालय

एवं

आचार्य डॉ० जगदीश सहाय कुलश्रेष्ठ
पूर्व प्रिंसिपल
इंस्टीट्यूट ऑफ़ म्यूज़िक एण्ड फ़ाइन आर्ट्स
जम्मू (कश्मीर)

ईस्टर्न बुक लिंकर्स
दिल्ली :: (भारत)

प्रकाशक :
ईस्टर्न बुक लिंकर्स
5825, न्यू चन्द्रावल, जवाहर नगर,
दिल्ली-110007
दूरभाष : 2520287

ISBN : 81-85133-66-2

प्रथम संस्करण : 1992

मूल्य : EASTERN BOOK LINKERS EBL Rs. 750-

मुद्रक :
भ्रमर प्रिंटिंग प्रैस (शाम प्रिंटिंग एजेन्सी),
८/२५ डबल स्टोरी, विजय नगर, दिल्ली-११०००६

DEDICATED TO MY VENERABLE GURU

PROF. PRABHAKAR NARAYAN KAWTHEKAR

ON THE AUSPICIOUS OCCASION OF HIS

SIXTYNINTH BIRTH-ANNIVERSARY

वाग्देवीं प्रणिपत्य काव्यजननीं विद्याकलाधीश्वरीं
वन्दे **श्रीकवठेकरं** गुरुवरं श्रेयस्करं सादरम् ।
नाम्नाहं **सुषमर्तुगीतसुरभिं** शोभाकरीं शङ्करीं
तस्मै पण्डितमण्डनाय विदुषे वर्षप्रवेशेऽर्पये ॥

—सुषमा कुलश्रेष्ठ

Foreword

The importance of the study of Ṛtusaṁhāra carefully, lies in the basic position that it brings out into clear relief, certain features of Kālidāsa's personality and literary outlook, which stood out, more and more prominently in his later works. The child is, indeed, the father of the man.

2. The serious study of Ṛtusaṁhāra commenced during the current century. It began with a stress on the appreciation of Ṛtusaṁhāra as a unique collection of Sanskrit lyrical poetry. It is noteworthy that the stimulus for this transition was supplied by no less than India's foremost poet viz. Rabindranath Tagore. He asked Ranjit Pandit (whose father, S. P. Pandit, had earlier translated into English some other works of Kālidāsa for the famous Bombay Sanskrit Series), to translate Ṛtusaṁhāra into English, during a halt at the charming residence of the Pandit family on the Khali Hill, near Almora, close to the Kumauni Himalayan border, in the course of a lovely spring season. Ranjit diligently complied with this direction.

The translation made by him was first published in 1947, posthumously, under the title, "The Pageant of the Seasons". In her moving tribute to the translator, Sarojini Naidu, the Nightingale of India, observed* :

> "Like the flowing bough of springtime, like the cool music of hidden streams in summer noon tides, like the soft radiance of autumn sunsets on mountain snows, poetry makes an instant and universal appeal to the heart of man."

---

* 'Ṛtusaṁhāra or 'The Pageant of the Seasons' by R.S. Pandit, published by the National Information of Public Limited, Bombay, 1947.

3. It is a well recognised theory that literature reflects contemporary life. When an author makes statements on a 'first person singular basis,' there is every likelihood that in one way or another, his literary output should be found, on analysis, to contain some materials possessing autobiographical implications. Accordingly, Kālidāsa's Ṛtusaṁhāra, which is poetry addressed by the poet to one or more individuals, easily enables a scrutiny as regards its autobiographical elements.

4. Although the authorship of Ṛtusaṁhāra has been, by and large, traditionally attributed to Kālidāsa, no significant attempt was made by traditional pandits to ascertain whether there were any materials in it as would prove of significance to an understanding of the development of his literary genius or to an appreciation of his personality. This position had mainly resulted from a reaction to the absence of any quotations from Ṛtusaṁhāra in available important works on Sanskrit rhetorics, in contrast with the abundant quotations from his other works.

5. This indifference of traditional pandits was palpable till about the end of the last century. One may compare it with their outlook towards yet another gem of ancient Sanskrit literature viz. Śūdraka's Mṛcchakaṭika which had suffered from a similar neglect. Ṛtusaṁhāra is a fledgling flight of a great poet, containing ingredients developed further while soaring into higher and higher levels, later on.

6. It appears that Kālidāsa had formulated his basic approach to life, while he was still young and that it underwent more and more refinement, as he progressed in his literary career. Proficiency in *vidyās* had to be acquired in the *Śaiśava* stage. To the *yauvana* stage which followed, was assigned enjoyment of the pleasures of life. Later, this was stated firmly and briefly in his Raghuvaṁśa, a work produced when his genius was fully matured :

शैशवेऽभ्यस्तविद्यानां यौवने विषयैषिणाम् । RV. I. 8

That is why, in all its six *sargas*, Ṛtusaṁhāra contains the basic indication of its author being, more or less exclusively, preoccupied with the pursuit of pleasures and with nothing else.

7. The initial start was undertaken after acquiring a comprehensive equipment of a very diligent study of different disciplines as well as different fine arts. Ṛtusaṁhāra's author was bent on demonstrating his depth of study of etymology, various systems of philosophy, grammar, sāhitya, āyurveda as well as his intimate knowledge of the technique and practice of many a fine art or Lalita Kalā. There is ample proof of this position in Ṛtusaṁhāra.

8. His principal objective was to impress a close group of companions, both male and female, such as could have been the members of a 'saṅgoṣṭhī'--a common social institution in that period. Canto after canto of Ṛtusaṁhāra is addressed to either a *priyā* or to more than two individuals—a detail which can be verified easily. The theme that binds all the six cantos in the progress of the physical passion of love between a youth and his lady—from a zero position as it were, during Grīṣma in canto I to its fullest growth during Vasanta or the Spring season in Canto VI. The permissible limit of the role of *Kāma* was stated authoritatively in Bhagavadgītā—"धर्माविरुद्धो कामोऽस्ति". This view was again repeated in language which is almost mathematical in nature, vide:

न धर्ममर्थकामाभ्यां बबाधे न च तेन तौ ।
नार्थं कामेन कामं वा सोऽर्थेन सदृशस्त्रिषु ।। RV. 17.57

9. Ṛtusaṁhāra is a perfect pointer to this scheme of life, entertained right from tht beginning and closely adhered to, throughout his extraordinary literary progress, by the Kavikulaguru.

10. There is no reference to a deity in Ṛtusaṁhāra either in the beginning or in the end or anywhere else.

The only reference to a deity is in the context of young ladies of the house, coming out after their morning bath and looking like Śrī (coming out of the sea with her hair let loose i.e. not tied into a *veṇī*, somewhat like the modern ponytail). A lovely expression of *Gṛhalakṣmī* is employed—

कनककमलकान्तैश्चारुताम्राधरोष्ठैः
श्रवणतटनिषक्तैः पाटलोपान्तनेत्रैः ।
उषसि वदनबिम्बैरंससंसक्तकेशैः
श्रिय इव गृहमध्ये संस्थिता योषितोऽद्य ॥ RS. V. 13

This omission disturbed traditional pandits and furnished one more ground for entertaining a doubt about Kālidāsa's being its author. But this omission marks Kālidāsa's exclusive concentration on *Kāma* on one hand and an atmosphere of demonstrable intellectual superiority seeking contemporary approval, on the other. Thus, there are subtle references to his deep study of prevailing *Darśanas*, especially of Buddhism and Brahmanism as well as Puraṇās, Ānvīkṣikī Vidyā, Āyurveda etc. The curriculum of studies then followed has been broadly indicated by It-sing in his narration of his travels in India in the post Harṣavardhana period.

The recurring literary metaphor like big and small rivers combining into one stream of water as features in Buddhist Pāli texts of ancient India or of the change of clothes referred to in Bhagavadgītā was taken over and utilised in describing a relentless pursuit of material pleasures.

11. That the young Kālidāsa was a member of a rich land owning family, is easily inferrable—e.g. in terms of the references to fine paddy crops, to sugarcane fields and jaggery preparations etc. as also to the pleasant hours spent on the terraces of mansions, exposed to moonlight during the night and to rooms in the residence being allotted for differ ɔn tdomestic activities.

12. This point raises an important query—viz. what was the exact status of his family. It could have been that of a *gṛhapati* or of a *sārthavāha* or of a *gṛhapati-cum-sārthavāha*. It could, alternatively, have been that of a family of either a feudatory or sovereign status, ruling over a territory (big or small). Materials relevant to this possibility are being separately examined by me.

13. It is certain that at this initial stage of his great literary career, our Kavikulaguru had lived somewhere in the vicinity of the Vindhyan range. In other words, the young Kālidāsa was, most probably, a resident of Central India; and being sent to Ujjayinī for his studies, was easily within the reach of a rich family.

14. It is noteworthy that the young Kālidāsa adhered to his plan of stating reactions of the youthful passion to variations in natural conditions—and avoided all temptation to describe the enjoyment of seasonal *festivals* as such. Yet Ṛtusaṁhāra could not have been written without a personal experience of hunting in the countryside vide I.13-27; and without participation in the festival of colours vide VI-9, which is described later on in his Meghadūta).

15. The Kāla-Cakra is that of a *Samvatsara* or the cycle of climatic seasons—quite different from its Buddhist or Brahmanical version of a cycle of birth and death. Its period is infinite continuity. The non-denominational hedonistic outlook, is an outstanding feature of Ṛtusaṁhāra.

16. The observation contained in the Ṛtusaṁhāra verse quoted below furnishes a clear background to the plot of the much later world acclaimed work viz. Śākuntala—

कुन्दैः सविभ्रमवधूहसितावदातै-
रुद्द्योतितान्युपवनानि मनोहराणि ।
चित्तं मुनेरपि हरन्ति निवृत्तरागं
प्रागेव रागमलिनानि मनांसि यूनाम् ॥ RS. VI. 25

17. As a florist chooses flowers from beds in gardens not owned by him, for a bouquet he can call his own, a poet was entitled to select, expressions and motifs he had come across in his study, in order to incorporate them in his own work. The young author of Ṛtusaṁhāra has done this repeatedly – e.g. in utilizing Vālmīki's Rāmāyaṇa for his own purpose. In Raghuvaṁśa, he acknowledged his debt to *pūrvasūris*; and this did not reduce the merits of his work, although a critic, viz. the logician Diṅgnāga took a different view of the matter.

18. Two elements in the trio of fine arts designated as 'Saṅgītam' viz. vocal and instrumental music, find ample place in the enjoyment of living envisaged in Ṛtusaṁhāra.

The third viz. dancing with its associated *abhinaya* skills, was incorporated prominently in Kālidāsa's next masterpiece, viz. in the drama, Mālavikāgnimitra. Yet another fine art was fully accommodated in the great drama, Abhijñānaśākuntala. The extra-ordinary career of Agnivarṇa narrated in Raghuvaṁśa XIX, shows to what extent the poet's mind and intellect combined in the end to accord only a reasonable place to sensuous enjoyment in human life—of the relative values of rights and obligations in the career of a serious minded individual.

19. Accordingly, it can safely be asserted that Ṛtusaṁhāra supplies some unmistakable materials as throw light on the base line of our Kavikulaguru's literary biography. Dr. Sushma Kulshreshtha has done well in bringing out this edition in order to focus attention on its *saṅgīta* elements, which alongwith other subjects engaged Kālidāsa's mind, while composing even his later works.

VASANTA-PAÑCAMĪ
9th February 1992
[20 Māgha 1913 (Śaka)]

Shridhar V. Sohoni
Vice-Chancellor
Tilak Maharashtra Vidyapeeth
Pune

Preface

श्रुतिस्मृत्यादि-साहित्य-नानाशास्त्रविदोऽपि च ।
सङ्गीतं ये न जानन्ति द्विपदास्ते मृगाः स्मृताः ॥

"Even if they be experts in the Revealed and the traditional Scriptures, in literature and all the *Śāstras*, the men ignorant of music are but animals on two feet".

Music is eternal bliss. It was the auspicious day of *Dhanatrayodaśī* in 1975 when, in order to prepare a paper on 'Music in Kālidāsa', to be presented in the All India Kālidāsa Samāroha, Vikram University, Ujjain, I began to read speedily the seven world-famous works of Kālidāsa. Consequently, my first paper on Kālidāsa was prepared in 13 days and was presented in the Kālidāsa Samāroha (which commences on the Devaprabodhinī Ekādaśī) at Ujjain in November 1975. I came back from Ujjain and decided to work on 'Music and Dance in Kālidāsa.' I started working on this topic just for my own pleasure—*Svāntaḥ sukhāya.* I went through the works of Kālidāsa again and again, leisurely, with an attentive eye on the portions related to music and dance. I almost made it a point that, whenever invited, I would write and present my paper on any aspect of music in the works of Kālidāsa in Conferences & Research Seminars and for publication also I would send my papers related to 'Music in Kālidāsa.' As a good result of this decision, I presented 20 research papers on some or the other aspect of music in the works of Kālidāsa in 20 sessions of All India Kālidāsa Samāroha, All India Oriental Conference, Buddhist Conference, (California University, Berkeley, U.S.A. in 1987), World Sanskrit Conference (Banaras Hindu University, Varanasi, in 1981; Pennsylvania University, Philadelphia, U. S. A. in 1984; Kern Institute, University of Leiden, The Netherlands in 1987 and University of

Vienna, Vienna, Austria in 1990) and the XXXIII International Congress of Asian and North African Studies at University of Toronto, Toronto, Canada in 1990. I published twenty research papers on varied topics related to 'Music in Kālidāsa' in reputed journals, Felicitation and Commemoration Volumes.

The work was in progress. The University Grants Commission approved my project entitled 'A Study of Music and Dance in the works of Kālidāsa' and sanctioned a financial grant. To the authorities of the U.G.C., I owe a deep sense of gratitude. Later on, the degree of D. Litt. was also awarded by the Ranchi University, Ranchi on my work entitled 'A Study of the Elements of Music in the works of Kālidāsa' in 1989.

Dīpaśikhākālidāsa was familiar not only with various systems of Philosophy, several schools of religious belief, Politics, Economics, Erotology and Dramaturgy but also with different Fine Arts as is revealed from his works. Music and Dance occupy a prominent place in Fine Arts. Music comprises of the *trayī* of *gīta*, *vādya* and *nṛtya—'Gītaṁ vādyaṁ tathā nṛtyaṁ trayaṁ saṅgītamucyate.'* Music includes Music Vocal, Music Instrumental and Dance. Kālidāsa has referred to all of these three at a number of places in his works in the course of his narratives and descriptions as well as in the usage of similes and metaphors. The appropriate inclusion of these references has rendered indescribable charm to his works.

It was difficult for me to present my study of Music Vocal, Music Instrumental, Dance and Music of Birds & Animals in Kālidāsa in one volume. Therefore, I decided to present this stndy in five volumes. Consequently, by the grace of God, the first volume entitled *'Kālidāsa-sāhitya evaṁ Vādana-kalā'* (Instrumental Music In Kālidāsa) was published in 1986 which was formally released by the Kālidāsa-expert venerable Dr. Shridhar Vasudev Sohoni in the All India Kālidāsa Samāroha held at Vikram University in *Mahākālınagarī Ujjayinī* in 1986. The second volume entitled *'Kālidāsa-sāhitya evaṁ Saṅgīta-kalā'* (Music In Kālidāsa) was published in 1988 which was ceremonially released by the Hon'ble Vice President of

India, Dr. Shankar Dayal Sharma at a special function held at Uparashtrapati-niwas on 5th May, 1989. '*Kālidāsa-sāhitya evaṁ Paśu-pakṣi-saṅgīta*' (Music Of Birds And Animals In Kālidāsa), the third volume was published on the auspicious day of *Devaprabodhinī Ekādaśī* in 1989 which was ceremoniously released by the Hon'ble Vice President of India, Dr. Shaṇkar Dayal Sharma at a special function organised at Vice President's House on 18th January, 1990. The fourth volume on '*Dance In Kālidāsa*' would be published soon. According to the plan, the fifth volume entitled '*Kālidāsa-Saṅgīta-Mañjarī*' was intended to contain musical rendition of the seven world famous works of Kālidāsa.

While releasing the book '*Kālidāsa-sāhitya evaṁ Saṅgīta-kalā*' on 5th May 1989, the Hon'ble Vice President of India, Dr. Shankar Dayal Sharma, emphasised in his speech, the need of doing research on inter-disciplinary topics and also expressed his views on the importance of preparing books comparatively smaller in size. Being highly impressed and encouraged by his views, I, at once decided to convert the fifth volume entitled '*Kālidāsa-Saṅgita-Mañjarī*' into a big series under which would be presented the musical rendition of the seven works of Kālidāsa in seven separate volumes. Alongwith the musical rendition, it was also decided to present pictorial rendition also of the works of Kālidāsa. Hence, came the first volume entitled '*Meghadūta-Saṅgita-Pallavī*' under the series '*Kālidāsa-Saṅgita-Mañjarī*' comprising of musical as well as pictorial rendition of *Meghadūta*, the most famous work of our *Kavikulaguru* on 13th March, 1990. This was for the first time ever that a work of Kālidāsa was presented in musical as well as pictorial rendering.

I have no words to express my gratitude to my revered parents Acharya Dr. Jagdish Sahai Kulshreshtha and Smt. Kamlesh Kumari Kulshreshtha who initiated me in the study and practice of music and dance since my early childhood. I am extremely grateful to my learned parents, but for whose inspiration, guidance and co-operation, it would not have been possible for me to take up the big research project of interdisciplinary nature on the hitherto untouched topic 'Music In Kālidāsa.' My venerable father and my revered mother, both being successful music-composers, trained me also in this art. It was by the grace of God and the favour of my parents that I could firmly resolve to present the musical rendition of all the seven works of Kālidāsa. In order to obtain the full benefit of the expertise of my parents in music-composition, I have composed music of the works of Kālidāsa either with my father or with my mother. Consequently came '*Meghadūta-Saṅgīta-Pallavī*' which comprised of the music of Meghadūta composed by me with my venerable father. Now the second volume entitled '*Ṛtusaṁhāra-Saṅgīta-Surabhi*' under the series '*Kālidāsa-Saṅgīta-Mañjarī*' is seeing the light of the day in which also the music of the whole of *Ṛtusaṁhāra* has been composed by me alongwith my revered father in the North Indian musical style.

The text of *Ṛtusaṁhāra* has been presented here from *Kālidāsa-granthāvalī* (Banaras Hindu University Edition) followed by English & Hindi translations. I have gone through all the available editions of *Ṛtusaṁhāra* with its English & Hindi translations and have tried my level best to present beautiful and enjoyable translations of the same. I express my deep sense of gratitude to all the editors and translators of *Ṛtusaṁhāra.*

Ṛtusaṁhāra-Saṅgīta-Surabhi opens with *Pārvatī-parameśvara-stuti* consisting of the *maṅgala-śloka* of *Raghuvaṁśa* and the *nāndī-ślokas* of *Mālavikāgnimitra* and *Abhijñānaśākuntala* composed in the *rāgas Śaṅkarā, Hiṇḍola* and *Mālakośa.* Then follows the full text of *Ṛtusaṁhāra* divided into twentyone parts having appropriate titles and its musical rendition in twentyone different popular, beautiful and sometimes rare & difficult *rāgas* suited to the description of the season concerned. The musical rendition of the summer season is presented in three titles being *Grīṣmaśrīḥ* in rāga Bhūpalī, *Nidāghakāle pracaṇḍātapatāpanam* in rāga Jayajayavantī and *Grīṣmartau davāgniḥ* in rāga Dīpaka. Then comes the music of the rainy season in four headings being *Varṣārāmaṇīyakam* in rāga Miyān-malhāra, *Prāvṛṣi pramadāvilāsaḥ* in rāga Sūramalhāra, *Prāvṛṣi yoṣidalaṅ-karaṇam* in rāga Meghamalhāra and *Varṣartau puṣpaśrīḥ* in rāga Gauḍa-malhāra. The music of the autumn season is presented in three titles being *Śarannavavadhūḥ* in rāga Bahāra, *Śaradi prakṛtisuṣamā* in rāga Bāgeśrī-bahāra and *Śaradṛtau varayuvativilāsaḥ* in rāga Hiṇḍolabahāra. Then follows the music of the *Hemanta* (dewy) season in three headings being *Hemanta-*

śrīḥ in rāga Lalita, *Hemantartau ratavilāsaḥ* in rāga Vṛndāvanī Sāraṅga and *Krauñcanādopagītaḥ Hemantaḥ* in rāga Bhīmapalāsī. The music of the *Śiśira* season is presented under two titles being *Śiśiraśrīḥ* in rāga Yamana and *Śiśirartau paribhogaśrīḥ* in rāga Rāmakalī. Then follows the music of the most-coveted spring season in six titles being *Vasantaśrīḥ* in rāga Vasanta, *Vasantartau kāmavilāsaḥ* in rāga Bahāra, *Māse madhau knsumaśrih* in rāga Vasantabahāra, *Kusumamāse manmathoddīpanam* in rāga Rāgeśvarī, *Vasantartau pumskokilakūjitam* in rāga Durgā and *Śṛṅgāradīkṣāguru-rvasantaḥ* in rāga Mālakośa. Then are presented the *Śāstric* description, *Ārohāvarohasvarūpa* and the *Svara-vistāra* of twentyfour rāgas in the *Rāgaparicayānukramaṇikā*. Then follows *Rāgapadyānukramaṇikā* which comprises of *Rāga*-poems of twelve *rāgas* quoted from *Rāgakalpadruma*, *Rāgasāgara*, *Saṅgītadarpaṇa*, *catvāriṁśacchatarāganirūpaṇa* and the encyclopaedic work entitled *Śivatattvaratnākara* (Published by the Oriental Research Institute, Mysore in three volumes) alongwith their English translation. Then comes the Song-Index of *Ṛtusaṁhāra-Saṅgita-Surabhi*. Then follows the brief biographical sketch of the music-composers presented by the publisher.

I wish to express my gratitude to the venerable Dr. S. V. Sohoni, Vice-Chancellor, Tilak Maharashtra Vidyapeeth, Pune for recording the *Foreword* to *Ṛtusaṁhāra-Saṅgita-Surabhi*.

It gives me great pleasure to dedicate the present volume *Ṛtusaṁhāra-Saṅgīta-Surabhi* to my venerable *Guru* Prof. P.N. Kawthekar, Ex. Chairman, Central Sanskrit Board, Govt. of India & Ex. Vice-Chancellor, Vikram University, Ujjain. To me, Prof. Kawthekar has been a source of inspiration and guidance for the last thirty years. It is a matter of utmost delight and fulfilment for me that the present volume is out on the auspicious occasion of his 69th birth anniversary.

I express my thanks to my friend Dr. Kamlesh Dutt Pande for the charming jacket cover of *Ṛtusaṁhāra-Saṅgīta-Surabhi* with two beautiful paintings and also for the other paintings & drawings depicting pictorial rendering of *Ṛtusaṁhāra*. I wish to express my regards to my dear friend Dr. (Mrs.) Surabhi D. Sheth after whose magnificent peerless name is entitled this volume consisting of the fragrance of music of the six seasons.

I express my sincere thanks to Shri Sham Lal Mahlotra (Proprietor, Eastern Book Linkers) who undertook the publication of this work and brought it out with attractive presentation in record time. In the end, I wish to record my sincere thanks to all the scholars, my friends & disciples and the authorities of different institutions who have helped me in the preparation and presentation of this volume. The text-script and the Song-Index of the present work were prepared by my two disciples Mrs. Sarita and Ms Poonam Chauhan. To both of them, I offer hearty thanks. My affectionate blessings to my dear disciples Ms Anju Bala and Ms Poonam Chauhan who performed the meticulous job of proof reading and maintained perfect co-ordination with the Press. The proofs were faithfully compared with the manuscript and were very carefully gone through by Anju and Poonam. May God bless them.

In *Ṛtusaṁhāra-Saṅgīta-Surabhi* is presented the first ever and novel musical rendition of the complete *Ṛtusaṁhāra* in North Indian musical style. How far have the composers succeeded in composing the music of *Ṛtusaṁhāra* is left solely to the connoisseur and discerning reader of literature and music. I conclude with the words of Dīpaśikhākālidāsa :

आपरितोषाद् विदुषां न साधु मन्ये प्रयोगविज्ञानम् ।
बलवदपि शिक्षितानामात्मन्यप्रत्ययं चेत: ॥

MAṆIKĀ-DHAVALA
Kc/12B, Ashok Vihar
Delhi-110052
Āśvina Kṛṣṇa Saptamī
19th September, 1992

SUSHMA KULSHRESHTHA
Department of Sanskrit
Daulat Ram College
University of Delhi
Delhi-110007

Contents

दीपशिखाकालिदासप्रणीता

पार्वतीपरमेश्वरस्तुतिः

राग शङ्करा

राग हिंडोल

राग मालकोश

दीपशिखाकालिदासप्रणीता

पार्वतीपरमेश्वरस्तुतिः[1]

वागर्थाविव सम्पृक्तौ वागर्थप्रतिपत्तये ।
जगतः पितरौ वन्दे पार्वतीपरमेश्वरौ ॥१॥

एकैश्वर्ये स्थितोऽपि प्रणतबहुफले यः स्वयं कृत्तिवासाः
कान्तासम्मिश्रदेहोऽप्यविषयमनसां यः परस्ताद्यतीनाम् ।
अष्टाभिर्यस्य कृत्स्नं जगदपि तनुभिर्बिभ्रतो नाभिमानः
सन्मार्गालोकनाय व्यपनयतु स वस्तामसीं वृत्तिमीशः ॥२॥

या सृष्टिः स्रष्टुराद्या वहति विधिहुतं या हविर्या च होत्री
ये द्वे कालं विधत्तः श्रुतिविषयगुणा या स्थिता व्याप्य विश्वम् ।
यामाहुः सर्वबीजप्रकृतिरिति यया प्राणिनः प्राणवन्तः
प्रत्यक्षाभिः प्रपन्नस्तनुभिरवतु वस्ताभिरष्टाभिरीशः ॥३॥

---

१. रघुवंशम्—१।१, मालविकाग्निमित्रम्—१।१, अभिज्ञानशाकुन्तलम्—१।१

(1)

For the proper understanding of words and their meanings, I bow down to *Pārvatī* and *Parameśvara*, the greatest of the gods, who are the parents of the universe (or creation) and the perpetual relation between whom is as close as the one subsisting between words and their meanings.

(2)

May that Lord (*Śiva*) remove completely your state of ignorance so that you may see the path of the righteous; (The Lord) who even though abiding in sole supremacy that yields manifold fruit to those who bow down to him, in himself clad in elephant hide; who, though his body is united with that of his beloved, stands above ascetics whose minds are free from sensual pleasures and who, though supporting the whole universe with his eight forms, has no pride.

(3)

May *Īśa* (The Lord), endowed with the eight visible forms, protect you ! (the eight forms viz.) that which is the first creation of the Creator (i.e. Water), that which conveys to the gods the oblation offered according to customary rites (i.e. Fire), that which is the Sacrificer, those two that regulate time (i.e. the Sun and the Moon), that which has sound for its quality and which pervades the Universe (i.e. the Ether), that which they call the source of all seeds (i.e. the Earth) and that by which creatures possess breath (i.e. Air).

———

(१)

वाक् (शब्द) एवम् अर्थ के यथार्थ ज्ञान के लिए, शब्द और अर्थ के समान जुड़े हुए जगत के माता-पिता, पार्वती और शिव को मैं (कालिदास) प्रणाम करता हूँ।

(२)

अपने प्रणतजनों को अभीष्ट फल देने का अतुलित ऐश्वर्य अपने पास होते हुए भी जो केवल हाथी का चर्म धारण करते हैं, अपने अर्द्धाङ्ग में अपनी प्रियतमा को सङ्ग लिए रहने पर भी जो संसार के विषय-भोग से दूर रहने वाले योगीजनों में अग्रगण्य हैं, अपनी आठों मूर्तियों से समस्त संसार का भरण-पोषण करते हुए भी जिनको अहंकार नहीं होता, ऐसे संसार के स्वामी महेश्वर सन्मार्ग को दिखाने के लिए आप लोगों की तामसी वृत्तियों का विनाश करें।

(३)

जो विधाता की सर्वप्रथम रचना है (अर्थात् जलरूप मूर्ति), जो विधि-पूर्वक अग्नि में दी गई हुई आहुति को (देवताओं के समीप) ले जाती है (अर्थात् अग्निरूप मूर्ति), जो यजमान-स्वरूप है (अर्थात् यजमान-रूप मूर्ति), जो दो प्रकार के समयों का निर्माण करती है अथवा जो दो प्रकार की मूर्तियाँ दिन, रात, मास, ऋतु आदि रूपों में समय का विधान करती हैं (अर्थात् सूर्य-चन्द्र रूपी दो मूर्तियाँ), जिसका शब्द गुण है और जो समस्त विश्व में व्याप्त होकर स्थित है (अर्थात् आकाश रूप मूर्ति), जिसको (विद्वान् पुरुष) समस्त धान्यादि बीजों का कारण कहते हैं (अर्थात् पृथ्वीरूप मूर्ति) और जिसके द्वारा सभी प्राणी प्राण धारण करते हैं (अर्थात् वायुरूप मूर्ति)—इन पूर्वोक्त आठ प्रत्यक्ष मूर्तियों से युक्त भगवान् शिव आपकी रक्षा करें।

—×—

(i) पार्वतोपरमेश्वरस्तुतिः

छन्दः—अनुष्टुप्

राग शङ्करा ताल तीनताल

×				२				०				३			
सं	—	नी	—	प	—	—	ग	प	—	ग	—	ग	—	स	—
वा	ऽ	ग	ऽ	र्था	ऽ	ऽ	वि	व	ऽ	स	ऽ	म्पृ	ऽ	क्तौ	-
स	—	स	—	ग	—	प	—	नी	ध	सं	—	—	नी	प	—
ऽ	ऽ	वा	ऽ	ग	ऽ	र्थं	ऽ	प्र	ति	प	ऽ	ऽ	त्त	ये	ऽ
प	—	सं	सं	नी	—	प	प	प	—	प	—	ग	प	ग	स
ऽ	ऽ	ज	ग	तः	ऽ	पि	त	रौ	ऽ	व	ऽ	ऽ	ऽ	न्दे	ऽ
स	—	स	—	ग	प	—	नी	सं	गं	—	सं	नो	—	प	—
ऽ	ऽ	पा	ऽ	र्वं	ती	ऽ	प	र	मे	ऽ	श्व	रौ	ऽ	ऽ	ऽ

Date of composition—3.10.90

(ii) परमेश्वरस्तुतिः

छन्दः—स्रग्धरा॥

राग हिंडोल | ताल तीनताल

×				२				०				३			
स	—	ग	—	म॑	—	ध	—	नो	ध	—	म॑	ग	म॑	ग	स
ए	ऽ	कै	ऽ	श्व	ऽ	र्ये	ऽ	स्थि	तो	ऽ	पि	ऽ	प्र	ण	त
स	नी़	ध़	स	—	स	—	ग	म॑	—	म॑	ग	म॑	ग	—	स
ब	हु	फ	ले	ऽ	यः	ऽ	स्व	यं	ऽ	कृ	ऽ	त्ति	वा	ऽ	साः
म॑	—	ग	—	म॑	—	ग	—	स	स	—	ग	—	म॑ध	नीध	सं
का	ऽ	न्ता	ऽ	स	ऽ	म्मि	ऽ	श्र	दे	ऽ	हो	ऽ	प्यऽ	विऽ	ष
सं	सं	सं	नो	—	ध	—	म॑	ग	—	म॑	ध	नी	ध	—	सं
य	म	न	सां	ऽ	यः	ऽ	प	र	ऽ	स्ता	ऽ	द्य	ती	ऽ	नाम्
ग	—	ग	—	म॑	—	ध	—	नी	ध	—	सं	—	सं	सं	सं
अ	ऽ	ष्टा	ऽ	भि	ऽ	र्य	ऽ	स्य	कृ	ऽ	त्स्नं	ऽ	ज	ग	द
गं	गं	गं	मं॑	—	मं॑	—	गं	सं	—	गं	—	सं	नी	—	ध
पि	त	नु	भि	ऽ	र्बि	ऽ	भ्र	तो	ऽ	ना	ऽ	भि	मा	ऽ	नः
म॑	—	ग	—	म	ध	नी	ध	म॑	ग	—	म॑	—	ग	ग	स
स	ऽ	न्मा	ऽ	र्गा	ऽ	लो	ऽ	क	ना	ऽ	य	ऽ	व्य	प	न
स	स	स	ग	—	ग	—	म॑	ध	—	नी	—	ध	सं	—	सं
य	तु	स	व	ऽ	स्ता	ऽ	म	सीं	ऽ	वृ	ऽ	त्ति	मी	ऽ	शः

Date of Composition—3.10.90

(iii) महेश्वरस्तुतिः

छन्दः—स्रग्धरा

राग मालकोश | ताल तीनताल

×				२				०				३			
सं	—	सं	—	सं	—	ध	—	नी	सं	—	सं	—	नी	सं	सं
या	ऽ	सृ	ऽ	ष्टिः	ऽ	स्त्र	ऽ	ष्टु	रा	ऽ	द्या	ऽ	व	ह	ति
नी	सं	नी	सं	—	ध	—	ध	ध	—	ध	—	नी	ध	—	म
वि	धि	हु	तं	ऽ	या	ऽ	ह	वि	ऽ	र्या	ऽ	च	हो	ऽ	त्री
स	—	ग	—	म	—	ग	—	म	ध	—	ध	—	ध	नी	नी
ये	ऽ	द्वे	ऽ	का	ऽ	लं	ऽ	वि	ध	ऽ	त्तः	ऽ	श्रु	ति	वि
नी	नी	नी	नी	—	नी	—	नी	नी	—	नी	ध	नी	स	सं	—
ष	य	गु	णा	ऽ	या	ऽ	स्थि	ता	ऽ	व्या	ऽ	प्य	वि	श्वम्	ऽ
सं	—	गं	—	मं	—	ग	—	सं	सं	—	सं	सं	सं	सं	सं
या	ऽ	मा	ऽ	हुः	ऽ	स	ऽ	र्व	बो	ऽ	ज	प्र	कृ	ति	रि
गं	सं	नी	—	नी	—	नी	नी	—	नी	ध	नी	ध	—	म	—
ति	य	या	ऽ	प्रा	ऽ	णि	नः	ऽ	प्रा	ऽ	ण	व	ऽ	न्तः	ऽ
सं	—	नी	—	ध	—	म	—	नी	ध	—	म	—	सं	नी	सं
प्र	ऽ	त्य	ऽ	क्षा	ऽ	भिः	ऽ	प्र	प	ऽ	न्न	ऽ	स्त	नु	भि
ध	नी	ध	म	—	गं	—	सं	नी	—	ध	—	म	ग	स	—
र	व	तु	व	ऽ	स्ता	ऽ	भि	र	ऽ	ष्टा	ऽ	भि	री	शः	ऽ

१. ग्रीष्मश्रीः

राग भूपाली

१. ग्रीष्मश्रीः[१]

प्रचण्डसूर्यः स्पृहणीयचन्द्रमाः
सदावगाहक्षतवारिसंचयः ।
दिनान्तरम्योऽभ्युपशान्तमन्मथो
निदाघकालोऽयमुपागतः प्रिये ॥१॥

निशाः शशाङ्कक्षतनीलराजयः
क्वचिद्विचित्रं जलयन्त्रमन्दिरम् ।
मणिप्रकाराः सरसं च चन्दनं
शुचौ प्रिये यान्ति जनस्य सेव्यताम् ॥२॥

सुवासितं हर्म्यतलं मनोहरं
प्रियामुखोच्छ्वासविकम्पितं मधु ।
सुतन्त्रिगीतं मदनस्य दीपनं
शुचौ निशीथेऽनुभवन्ति कामिनः ॥३॥

---

१. ऋतुसंहारम्—१।१-१०

नितम्बबिम्बैः सदुकूलमेखलैः
स्तनैः सहाराभरणैः सचन्दनैः ।
शिरोरुहैः स्नानकषायवासितैः
स्त्रियो निदाघं शमयन्ति कामिनाम् ।।४।।

नितान्तलाक्षारसरागरञ्जितै-
र्नितम्बिनीनां चरणैः सनूपुरैः ।
पदे पदे हंसरुतानुकारिभि-
र्जनस्य चित्तं क्रियते समन्मथम् ।।५।।

पयोधराश्चन्दनपङ्कचर्चिता-
स्तुषारगौरार्पितहारशेखराः ।
नितम्बदेशाश्च सहेममेखलाः
प्रकुर्वते कस्य मनो न सोत्सुकम् ।।६।।

समुद्गतस्वेदशिताङ्गसन्धयो
विमुच्य वासांसि गुरूणि साम्प्रतम् ।
स्तनेषु तन्वंशुकमुन्नतस्तना
निवेशयन्ति प्रमदाः सयौवनाः ।।७।।

सचन्दनाम्बुव्यजनोद्भवानिलैः
सहारयष्टिस्तनमण्डलार्पणैः ।
सवल्लकीकाकलिगीतनिस्वनै-
र्विबोध्यते सुप्त इवाद्य मन्मथः ।।८।।

सितेषु हर्म्येषु निशासु योषितां
सुखप्रसुप्तानि मुखानि चन्द्रमाः ।
विलोक्य नूनं भृशमुत्सुकश्चिरं
निशाक्षये याति ह्रियेव पाण्डुताम् ।।९।।

असह्यवातोद्धतरेणुमण्डला
प्रचण्डसूर्यातपतापिता मही ।
न शक्यते द्रष्टुमपि प्रवासिभिः
प्रियावियोगानलदग्धमानसैः ।।१०।।

—×—

(1)

O dear, here has approached this summer season, when the sun becomes fierce, the moon becomes pleasant and desirable, the waters of rivers and ponds become scanty for people continually bathing there, the evenings are delightful and the force of Cupid (feeling of love) is (comparatively) lessened.

(2)

O dear, nights wherein the darkness is dispelled by the rays of the moon, in some place a wonderful house with a water-fountain, various kinds of jewels like *Candrakānta* etc. and juicy sandal-paste—in the season, are the resort of people.

(3)

Sweet-scented and charming mansion—terraces, wine rippling with the breaths of the mouths of the darling beloveds, music sung with a well-strung instrument (*Vīṇā*)—each intoxicating passion, the amorous enjoy these at nights in summer season.

(4)

Beautiful damsels remove the heat (summer sufferings) felt by their lovers by their round hips covered with silk-cloths and having waist-bands, by their breasts pasted with sandal & bedecked with flower-garland and other ornaments and by their tresses perfumed with the cosmetics used in bathing.

(5)

Peoples' hearts are kindled with passion by the beautiful-waisted damsels' feet fully dyed with the colour of the lac-resin, having anklets (*Nūpuras*) on and therefore producing sound sweet to the ears like that of swans at every foot-step.

(6)

Rising breasts (of damsels) smeared with thick sandal-paste and wearing at their tops snow-white flower-garlands and hips bedecked with girdles made of gold—whose calm mind is not agitated with sentimens of love by these ?

(7)

Always perspiring heavily in the joints of their limbs, the youthful damsels with lofty breasts cast off their heavy garments and coves their breasts with thin ones.

(8)

In this season, even the sleeping sentiment of love is awakened like a sleeping lover by means of the breezes of fans soaked with sandal water, by means of the placing (embracing) of round breasts covered with necklaces of women and by the sweet songs sung in accompaniment of *Viṇā*.

(9)

Beholding the faces of women happily lying asleep during nignts in their white mansions, the moon who was greatly eager to see them becomes pale in the morning filled with shame as it where.

(10)

Travellers, whose hearts are scorched by the fire of separation from their darling beloveds cannot even look at the earth which is stricken with the blaze of the fierce sun and wherein dust is raised by the unbearable wind.

———

(१)

(महाकवि 'दीपशिखा' कालिदास ऋतुसंहार नामक अपने गीतिकाव्य (खण्डकाव्य) की निर्विघ्न परिसमाप्ति के लिए प्राचीन परम्परा के अनुसार वस्तु-निर्देशात्मक मङ्गलाचरण से अपने काव्य का आरम्भ करते हैं।)

कोई प्रेमी अपनी प्रेयसी से कहता है—हे प्रिये ! यह ग्रीष्म ऋतु आ गई। सूर्य बहुत तप रहा है, सभी लोग चन्द्रमा की अभिलाषा करते हैं। निरन्तर अवगाहन (स्नान तथा आलोडन) से सरिताओं एवं सरोवरों का जल कम हो गया है। सन्ध्याकाल बड़ा मनोरम हो रहा है तथा काम (रतिभाव) की अभिलाषा (अपेक्षाकृत) कम होती है।

(२)

हे प्रिये ! इस ग्रीष्म ऋतु में तो लोग यही अभिलाषा करते हैं कि खिले हुए चन्द्रमा की चाँदनी रात हो, रंग-बिरंगे जलयन्त्रों (फव्वारों) से युक्त भवन हों, इधर उधर चन्द्रकान्त प्रभृति अनेक प्रकार के रत्न बिखरे पड़े हों तथा सुरभित गीला चन्दन सर्वत्र छिड़का हुआ हो।

(३)

हे प्रिये ! इस ग्रीष्म ऋतु की रात्रियों में कामिजन सुगन्धि से युक्त अट्टालिकाओं, प्रेमिकाओं के मुख के उच्छ्वासों से युक्त मदिरा तथा वीणावादन के साथ गाये गये गीत—कामोद्दीपक इन सभी के आनन्द का अनुभव करते हैं।

(४)

हे प्रिये ! इस ग्रीष्म ऋतु में सुन्दरी प्रेयसियाँ, सुन्दर दुकूल वस्त्र धारण कर, नितम्बों के ऊपर करधनी धारण कर, पयोधरों पर चन्दन लगाकर तथा माला और पुष्पाभरण पहन कर और केशकलापों में सुरभित स्नानीय चूर्ण तथा सुगन्धित धूप आदि लगाकर अपने प्रेमीजनों की उष्णता को दूर करती हैं।

(५)

इस ग्रीष्म ऋतु में स्थूल नितम्बों वाली सुन्दरी रमणियाँ चरणों में गाढ़ा महावर लगाकर तथा प्रत्येक पाद-न्यास में, हंसों के समान मधुर ध्वनि करने वाले नूपुरों को पहन कर जब गमन करती हैं तो अपने प्रेमियों के अन्तःकरण को मदनोत्तेजना से भर देती हैं।

(६)

रमणियों के चन्दन से चर्चित अतएव शीतल तथा तुषार के सदृश श्वेत माला को धारण किए हुए पयोधर एवं स्वर्णनिर्मित करधनियों से विभूषित नितम्बभाग (जघनस्थल) भला किसके चित्त को समुत्सुक नहीं बना देते।

(७)

इस ग्रीष्म ऋतु में नवयौवनवती रमणियाँ सभी अङ्ग-प्रत्यङ्गों से स्वेदकण निकलने के कारण अपने मोटे वस्त्रों को उतारकर अपने उन्नत पयोधरों पर महीन वस्त्र धारण करती हैं।

(८)

इस ऋतु में चन्दनयुक्त जल से सिञ्चित व्यजनों (पंखों) की हवा से, पुष्पमालाओं से विभूषित, रमणियों के पयोधरों के आलिङ्गन से तथा वीणा-वादन के साथ गाये गए सुमधुर गीतों से मानों सोया हुआ कामदेव (कामभाव) जाग पड़ता है।

(९)

इस ग्रीष्म ऋतु में रात्रि में अपने भवन की धवल छतों पर सुखपूर्वक सोई हुई सुन्दरियों के मुखों को उत्सुकतापूर्वक बहुत देर तक देख कर ऐसा लगता है कि चन्द्रमा लज्जावश प्रातःकाल पाण्डुता को प्राप्त होता है।

(१०)

इस ग्रीष्म ऋतु में असह्य पवन से उड़ने वाली धूलि से चारों ओर व्याप्त तथा प्रचण्ड सूर्य के आतप से तप्त पृथ्वी अपनी प्राणवल्लभा के वियोग की अग्नि में जिनके चित्त झुलस गए हैं, ऐसे प्रवासियों द्वारा देखी भी नहीं जा सकती।

—×—

१. ग्रीष्मश्रीः

छन्दः—वंशस्थम्

राग भूपाली | ताल एकताल

×		०		२		०		३		४	
सं	सं	ध	प	ग	रे	स	—	स	ध़	स	रे
प्र	च	ऽ	ण्ड	सू	ऽ	र्यः	ऽ	स्पृ	ह	णी	ऽ
ग	रे	ग	ग	ग	—	ध़	स	—	ध़	स	—
य	च	ऽ	न्द्र	माः	ऽ	स	दा	ऽ	व	गा	ऽ
स	—	रे	रे	स	रे	ग	प	—	रे	ग	—
हृ	ऽ	क्ष	त	वा	ऽ	रि	स	ऽ	ञ्च	यः	ऽ
स	रे	—	रे	स	—	ग	—	ग	प	ध	—
दि	ना	ऽ	न्त	र	ऽ	म्यो	ऽ	भ्यु	प	शा	ऽ
ध	सं	ध	सं	सं	—	ध	सं	—	सं	प	—
न्त	म	ऽ	न्म	थो	ऽ	नि	दा	ऽ	ध	का	ऽ
ध	—	ग	ग	प	—	रे	ग	—	ध	पग	रेस
लो	ऽ	य	मु	पा	ऽ	ग	तः	ऽ	प्रि	येऽ	ऽऽ

×		०		२		०		३		४	
ग	ग	—	ग	प	—	ध	—	सं	सं	ध	—
नि	शा:	ऽ	श	शा	ऽ	ङ्कु	ऽ	क्ष	त	नी	ऽ
ध	सं	—	सं	सं	—	रें	गं	—	गं	ध	—
ल	रा	ऽ	ज	य:	ऽ	क्व	चि	ऽ	द्वि	चि	ऽ
सं	—	सं	रें	गं	—	रें	गं	—	रें	सं	—
त्रं	ऽ	ज	ल	य	ऽ	न्त्र	म	ऽ	न्दि	रम्	ऽ
गं	पं	—	पं	गं	—	रें	—	सं	सं	रें	—
म	णि	ऽ	प्र	का	ऽ	रा:	ऽ	स	र	सं	ऽ
ध	सं	—	सं	सं	—	गं	रें	—	रें	सं	—
च	च	ऽ	न्द	नं	ऽ	शु	चौ	ऽ	प्रि	ये	ऽ
ध	—	प	प	ग	—	ग	गंगं	रेंसं	धप	गरे	स–
या	ऽ	न्ति	ज	न	ऽ	स्य	सेऽ	ऽऽ	व्य	ताम्	ऽऽ

Direction : The third, fifth, seventh & the ninth verse should be sung like the first verse and the remaining verses like the second verse of this song.

Date of composition : 1.10.90

२. निदाघकाले प्रचण्डातपतापनम्

राग जयजयवन्ती

२. निदाघकाले प्रचण्डातपतापनम्[१]

मृगाः प्रचण्डातपतापिता भृशं
तृषा महत्या परिशुष्कतालवः ।
वनान्तरे तोयमिति प्रधाविता
निरीक्ष्य भिन्नाञ्जनसंनिभं नभः ॥१॥

सविभ्रमैः सस्मितजिह्मवीक्षितै-
र्विलासवत्यो मनसि प्रवासिनाम् ।
अनङ्गसंदीपनमाशु कुर्वते
यथा प्रदोषाः शशिचारुभूषणाः ॥२॥

रवेर्मयूखैरभितापितो भृशं
विदह्यमानः पथि तप्तपांसुभिः ।
अवाङ्मुखो जिह्मगतिः श्वसन्मुहुः
फणी मयूरस्य तले निषीदति ॥३॥

---

१. ऋतुसंहारम्—१।११-२१

तृषा महत्या हतविक्रमोद्यमः
श्वसन्मुहुर्दूरविदारिताननः ।
न हन्त्यदूरेऽपि गजान्मृगेश्वरो
विलोलजिह्वश्चलिताग्रकेसरः ॥४॥

विशुष्ककण्ठोद्गतसीकराम्भसो
गभस्तिभिर्भानुमतोऽनुतापिताः ।
प्रवृद्धतृष्णोपहता जलार्थिनो
न दन्तिनः केसरिणोऽपि बिभ्यति ॥५॥

हुताग्निकल्पैः सवितुर्गभस्तिभिः
कलापिनः क्लान्तशरीरचेतसः ।
न भोगिनं घ्नन्ति समीपवर्तिनं
कलापचक्रेषु निवेशिताननम् ॥६॥

सभद्रमुस्तं परिशुष्ककर्दमं
सरः खनन्नायतपोत्रमण्डलैः ।
रवेर्मयूखैरभितापितो भृशं
वराहयूथो विशतीव भूतलम् ॥७॥

विवस्वता तीक्ष्णतरांशुमालिनां
सपङ्कतोयात्सरसोऽभितापितः ।
उत्प्लुत्य भेकस्तृषितस्य भोगिनः
फणातपत्रस्य तले निषीदति ॥८॥

समुद्धृताशेषमृणालजालकं
विपन्नमीनं द्रुतभीतसारसम् ।
परस्परोत्पीडनसंहतैर्गजैः
कृतं सरः सान्द्रविमर्दकर्दमम् ॥९॥

रविप्रभोद्भिन्नशिरोमणिप्रभो
विलोलजिह्वाद्वयलीढमारुतः ।
विषाग्निसूर्यातपतापितः फणी
न हन्ति मण्डूककुलं तृषाकुलः ॥१०॥

सनलफोलावृतवक्त्रसंपुटं
विनिःसृतालोहितजिह्वमुन्मुखम् ।
तृषाकुलं निःसृतमद्रिगह्वरा-
दवेक्षमाणं महिषीकुलं जलम् ॥११॥

—×—

(1)

Exceedingly assailed by the fierce heat of the sun and with palates dried up by great thirst, the deer are running towards another forest looking (in that direction) at the sky appearing black like powdered collyrium and mistaking it for water (a pond).

(2)

Like evenings with the charming ornament of the moon, the sportive women wearing ornaments beautiful likc the moon, quickly arouse love in the hearts of travellers through their sportive side-glances accompanied with smiles.

(3)

Assailed with the rays of the sun and scorched by the heated dust, a snake with its mouth turned downwards and sighing heavily is taking sheltre under the shade of the peacock's feathers.

(4)

Leaving off his mighty efforts due to great thirst, breathing hard and lying on earth with his mouth wide open, the lord of beasts (lion), with his tongue shaking with thirst and his manes trembling, he does not kill elephants though they are not far from him.

(5)

Parched by the heat of the sun and moist foam coming out of their dried mouths, elephants, stricken with great thirst and running about here and there in search of water are not afraid even of the lion.

(6)

Being exhausted physically and mentally by the fierce rays of the sun looking like fire to which sacrificial oblations have been offered, peacocks are not killing serpents, although they are near, which have kept their necks for sheltre in the circles of their tales.

(7)

Greatly assailed with the heat of the sun, the wild boars are as it were entering the earth (in search of cold water), digging by their long-stretching snouts a pond wherein the mud has dried up and the *bhadramustā* grass is found.

(8)

Assailed with the fierce rays of the sun, the frog leaps up from the muddy water of the pond and takes sheltre under the shadow of the umbrella-like hood of a thirsty snake.

(9)

Elephants herded so as to quarrel amongst themselves are uprooting lotuses (or the lotus-roots) from the pond, killing the distressed fish, driving away the horrified swans and drying up the mud of the lake.

(10)

The jem, set on its hood is being lighted up by the glare of the sun and inhaling wind by means of its lolling forked tongue, the thirsty snake does not kill the frogs although it is distressed with the fire of its venom and the blaze of the sun.

(11)

With their mouths foaming and covered with saliva and their reddish tongues protruding, the female buffaloes stricken with thirst have come out of the mountain-cavern with upraised heads in search of water.

---

(१)

इस ग्रीष्म ऋतु में सूर्य के प्रचण्ड आतप से अत्यन्त सन्तापित मृग जिनके तालु अत्यधिक प्यास के कारण सूख गए हैं, अञ्जन के समान नीले आकाश को जल समझ कर एक वन से दूसरे वन में दौड़ रहे हैं।

(२)

देदीप्यमान चन्द्र से युक्त रात्रि के समान विलासवती रमणियाँ चन्द्रमा के समान चमकते हुए चन्द्रहार आदि आभूषणों से भूषित होकर अपने हाव-भाव-युक्त एवं सस्मित चितवनों (कटाक्षादि) से प्रवासियों के अन्तःकरण में शीघ्र ही कामोद्दीपन कर रही हैं।

(३)

सूर्य की प्रचण्ड किरणों से अत्यन्त सन्तप्त तथा मार्ग की तप्त धूलि से दग्ध सर्प अपना मुख नीचे की ओर छिपाकर बार बार फुफकार छोड़ते हुए मयूर (की छाया) के नीचे कुण्डली मार कर बैठा हुआ है। (ऐसी भीषण गर्मी में जीव-जन्तु पारस्परिक शत्रुता भूल कर अपनी अपनी व्याकुलता में व्यस्त हैं।)

(४)

सिंह प्यास के कारण बलहीन हो गया है अतः मुँह खोले हुए बार बार साँसें छोड़ रहा है। वह अपनी जीभ से अपने होठों को चाट रहा है। उसके कन्धे के केसरकलाप हिल रहे हैं और वह अपने निकट में स्थित हाथियों को भी नहीं मार रहा है।

(५)

सूर्य की किरणों से अतिशय तप्त तथा पिपासा से व्याकुल हाथी अपने सूखे मुखों से झाग फेंकते हुऐ जल की खोज में इधर उधर घूम रहे हैं और सिंह से भयभीत भी नहीं हो रहे हैं।

(६)

हवन की अग्नि के सदृश तीक्ष्ण सूर्य की किरणों से जिन मयूरों के शरीर एवं मन इतने क्लान्त एवं खिन्न हो गए हैं कि वे उनके पिच्छों की छाया में अपने मुखों को रखकर बैठे हुए सर्पों को देख कर भी नहीं मार रहे हैं।

(७)

सूर्य की किरणों से अत्यन्त सन्तप्त शूकरों का झुण्ड अपने लम्बे लम्बे थूथनों से नागरमोथों से पूर्ण तथा सूखे हुए कोचड़ वाले तालाबों को खोद रहा है जिससे ऐसा प्रतीत होता है मानों (शीतलता की प्राप्ति के लिए) वह पृथ्वी के अन्दर (पाताल में) प्रवेश करना चाहता है।

(८)

प्रचण्ड सूर्य से सन्तापित होकर यह मेंढकों का समूह कीचड़-युक्त जल वाले तालाब से कूद कर, शीतलता-प्राप्ति की इच्छा से तृषा से पीड़ित सर्पों के फण-रूपी छतरियों के नीचे आश्रय लिए हुए है।

(९)

परस्पर युद्ध करते हुए हाथियों ने सरोवर के कमलों को उखाड़ डाला है, मछलियों को नष्ट कर दिया है, सभी सारसों को डराकर भगा दिया है तथा तालाब के कीचड़ को और भी अधिक पङ्किल बना दिया है।

(१०)

सूर्य की किरणों से जिसके शिर की मणि चमक रही है, ऐसा सर्प अपनी दोनों चञ्चल जिह्वाओं से वायु को चाट रहा है और अपने विष की अग्नि तथा सूर्य के प्रचण्ड आतप से सन्तप्त होने के कारण अत्यधिक पिपासा से इस प्रकार व्याकुल है कि निकट-स्थित मेढकों को भी नहीं खा रहा है।

(११)

जिन महिषियों (भैंसों) के मुँह से जुगाली की झाग निकल रही है और लार बह रही है, वे अपना मुँह खोलकर अपनी लाल जिह्वा को बाहर निकाले हुए अत्यधिक प्यास के कारण मुँह ऊपर की ओर किए हुए पर्वत की गुहा से बाहर निकल कर जलाशय की ओर बढ़ी चली जा रही हैं।

——०——

२. निदाघकाले प्रचण्डातपतापनम्

छन्दः—वंशस्थम्

राग जयजयवन्ती | ताल एकताल

×		०		२		०		३		४	
प	रे	—	रे	ग॒	—	रे	स	रे	ग	म	प
मृ	गाः	ऽ	प्र	च	ऽ	ण्डा	ऽ	त	प	ता	ऽ
ग	म	—	रे	ग॒	रेस	नि॒	ध़	प़	प़	रे	—
पि	ता	ऽ	भू	शं	ऽऽ	तृ	षा	ऽ	म	ह	ऽ
ग	—	म	प	नि॒	—	ध	प	म	ग	रेग॒	रेस
त्या	ऽ	प	रि	शु	ऽ	ष्क	ता	ऽ	ल	वाःऽ	ऽऽ
रे	ग	म	प	ग	म	ग	म	प	नी	सं	—
व	ना	ऽ	न्त	रे	ऽ	तो	ऽ	य	मि	ति	ऽ
नि॒	ध	प	ध	म	—	रे	ग॒	—	रेस	सं	—
प्र	धा	ऽ	वि	ता	ऽ	नि	री	ऽ	ऽक्षय	भि	ऽ
नि॒	—	ध	प	ध	—	म	ग	म	रे	रेग॒	रेस
न्ना	ऽ	ञ्ज	न	स	ऽ	न्नि	भं	ऽ	न	भःऽ	ऽऽ

×		०		२		०		३		४	
ग	म	—	प	नी	—	सं	—	नी	सं	रें	—
स	वि	ऽ	भ्र	मैः	ऽ	स	ऽ	स्मि	त	जि	ऽ
ग॒ं	रें	—	नी	सं	—	नी	नी	सं	रें	गं	मं
द्य	वी	ऽ	क्षि	तैः	ऽ	र्वि	ला	ऽ	स	व	ऽ
गं	रें	ग॒ं	रें	सं	—	नी	सं	—	नी॒	ध	प
त्यो	ऽ	म	न	सि	ऽ	प्र	वा	ऽ	सि	नाम्	ऽ
ध	म	—	म	रे	ग॒	रे	स	रे	ग	म	—
अ	न	ऽ	ङ्गः	सं	ऽ	दी	ऽ	प	न	मा	ऽ
प	ग	म	प	नी	—	नी	सं	—	रें	ग॒ं	—
शु	कु	ऽ	र्वं	ते	ऽ	य	था	ऽ	प्र	दो	ऽ
रें	सं	सं	नी॒	ध	—	प	म	ग	रे	ग॒	रेस
वा	ऽ	श	शि	चा	ऽ	रु	भू	ऽ	ष	णाः	ऽऽ

Direction : The third, fifth, seventh, nineth and the eleventh verse should be sung like the first verse and the remaining verses like the second verse of this song.

Date of composition : 2.10.90

३. ग्रीष्मर्तौ दवाग्निः

राग दीपक

३. ग्रीष्मर्तौ दवाग्निः[1]

पटुतरदवदाहोच्छुष्कसस्यप्ररोहाः
परुषपवनवेगोत्क्षिप्तसंशुष्कपर्णाः ।
दिनकरपरितापक्षीणतोयाः समन्ताद्
विदधति भयमुच्चैर्वीक्ष्यमाणा वनान्ताः ॥१॥

श्वसिति विहगवर्गः शीर्णपर्णद्रुमस्थः
कपिकुलमुपयाति क्लान्तमद्रेर्निकुञ्जम् ।
भ्रमति गवययूथः सर्वतस्तोयमिच्छन्-
शरभकुलमजिह्वं प्रोद्धरत्यम्बु कूपात् ॥२॥

विकचनवकुसुम्भस्वच्छसिन्दूरभासा
प्रबलपवनवेगोद्भूतवेगेन तूर्णम् ।
तटविटपलताग्रालिङ्गनव्याकुलेन
दिशि दिशि परिदग्धा भूमयः पावकेन ॥३॥

---

१. ऋतुसंहारम्—१।२२-२८

ज्वलति पवनवृद्धः पर्वतानां दरीषु
स्फुटति पटुनिनादः शुष्कवंशस्थलीषु ।
प्रसरति तृणमध्ये लब्धवृद्धिः क्षणेन
ग्लपयति मृगवर्गं प्रान्तलग्नो दवाग्निः ॥४॥

बहुतर इव जातः शाल्मलीनां वनेषु
स्फुरति कनकगौरः कोटरेषु द्रुमाणाम् ।
परिणतदलशाखानुत्पतन् प्रांशुवृक्षा-
न्भ्रमति पवनधूतः सर्वतोऽग्निर्वनान्ते ॥५॥

गजगवयमृगेन्द्रा वह्निसंतप्तदेहा
सुहृद इव समेता द्वन्द्वभावं विहाय ।
हुतवहपरिखेदादाशु निर्गत्य कक्षाद्-
विपुलपुलिनदेशां निम्नगां संविशन्ति ॥६॥

कमलवनचिताम्बुः पाटलामोदरम्यः
सुखसलिलनिषेकः सेव्यचन्द्रांशुहारः ।
व्रजतु तव निदाघः कामिनीभिः समेतो
निशि सुललितगीते हर्म्यपृष्ठे सुखेन ॥७॥

—×—

(1)

The shoots of corn (in them) have been scorched by the fierce forest-fire, dried leaves are being carried aloft by violent wind and the water (of the tanks) on all sides is being dried up by the heat of the sun. To look at the forest-regions makes one very apprehensive of fear.

(2)

Birds are breathing sitting on the trees whose leaves have fallen off; fatigued monkeys are resorting to the groves of the mountains; in search of water, the oxen are wandering in every direction and a group of *Śarabhas* is taking up water from a well.

(a)

Everywhere, the grounds have been burnt by the forest-fire, brilliant as new-blown *Kusumbha* flowers and as the glittering *Sindūra* dye, whose speed is quickly increased by that of the strong wind and which is anxious to embrace the tops of tree-twigs and creepers.

(4)

Forest-fire is being lighted and increased in mountain-valleys by the fierce wind, is with sharp sound entering into the forest of dried bamboo-trees, growing strong in a moment and spreading in the grass, it is tormenting all the beasts.

(5)

Fire, being spread by the wind and being collected in a mass in the groves of *Śālmalis* is glittering with a golden-yellow lustre in the cavity of trees; and leaping on lofty trees the leaves on whose branches have ripened (and therefore fallen off), it is moving about on all sides of the forest.

(6)

Elephants, oxen and lions, their bodies scorched by fire, forgetting their enmity, have flocked together like friends, are quickly going out of the forest where they were tormented by fire and taking sheltre on the broad sandy banks of the river.

(7)

In which season the waters are covered with beds of lotuses, quarters are perfumed with the fragrance of *Pāṭala* flowers, when plunging into cool water is welcome, when moonlight and pearl-strings are pleasurable—may such summer be enjoyable for you in the company of pretty ladies at nights on tops of houses where beautiful music is going on.

———

(१)

इस ग्रीष्म ऋतु में प्रचण्ड दावानल से घासफूस भस्म हो रहे हैं। तीक्ष्ण हवा के झोकों से सूखे पत्ते उड़े जा रहे हैं। सभी ओर सूर्य के प्रचण्ड आतप से सरोवर सूखे जा रहे हैं। इस प्रकार सुनसान जङ्गल को देखने से भय लग रहा है।

(२)

जिनके पत्ते झड़ चुके हैं, ऐसे वृक्षों पर पक्षिगण बैठकर हाँफ रहे हैं (येन केन प्रकारेण जी रहे हैं), थके हुए वानरों का समूह पर्वतों के कुञ्जों में जा रहा है, नीलगायों का समूह जल की इच्छा से चारों ओर घूम रहा है तथा शरभ मृग सीधे बने हुए कूप से गटागट जल पी रहे हैं।

(३)

नवविकसित कुसुम्भी के पुष्प के सदृश तथा स्वच्छ सिन्दूर के समान लाल दिखने वाली, तेज़ हवा से और अधिक धधक उठने वाली तथा तटवर्ती वृक्षों और लताओं के अग्रभाग का आलिङ्गन करती हुई दावाग्नि से सभी दिशाओं की पृथिवी भी जल गई है।

(४)

वन के प्रान्तभाग से उठती हुई तथा तीव्र वायु से और अधिक धधकती हुई दावाग्नि पर्वतों की उपत्यकाओं में फैलकर वहाँ के पशुओं को जला रही है, वह सूखे बाँस के वृक्षों में चटचटा रही है और क्षण भर में ही आगे बढ़कर घासों के बीच फैल रही है।

(५)

तेज़ हवा द्वारा भड़काई गई तथा सेमर के वृक्षों के वनों में फैली हुई यह दावाग्नि पेड़ों के कोटरों में अपनी स्वर्णिम आभा चमकाती हुई उन ऊँचे वृक्षों के ऊपर उछलती हुई वनप्रान्त में चारों ओर घूम रही है जिनकी शाखाओं के पत्ते भीषण गर्मी के कारण पक कर झड़ चुके है।

(६)

अग्नि से जिनकी देह झुलस गई है ऐसे गज, नीलगाय और सिंह दावानल से पीड़ित होने के कारण परस्पर मित्र बनकर तथा अपनी शत्रुता भुला कर घास के जंगल से शीघ्र ही बाहर आ गए हैं और नदी के चौड़े तथा रेतीले तट पर आकर विश्राम कर रहे हैं।

(७)

जिस ऋतु में कमलों से व्याप्त तथा विकसित पाटल पुष्प की सुगन्धि से सुरभित जल में स्नान करना बहुत अच्छा लगता है और जिन दिवसों में चन्द्र की चन्द्रिका तथा मोती के हार बहुत आनन्दित करते हैं, वह ग्रीष्म ऋतु आपकी इस तरह व्यतीत हो कि रात में आप अपने घर की छत पर लेटे हुए हों, सुन्दरी रमणियों से आप घिरे हुए हों तथा आपके समीप मधुर सङ्गीत हो रहा हो।

—×—

३. ग्रीष्मतौ दवाग्निः

छन्दः—मालिनी

राग दीपक — ताल एकताल

×		०		२		०		३		४	
सं	सं	सं	सं	प	ग	प	—	ग	रे	स	—
प	टु	त	र	द	व	दा	ऽ	हो	ऽ	च्छु	ऽ
स	स	स	रे	—	स	—	प	ग	प	गरे	स–
ऽ	ष्क	स	ऽ	ऽ	स्य	ऽ	प्र	रो	ऽ	हाःऽ	ऽऽ
स	रे	स	स	ग	प	प	—	ध	—	प	—
प	रु	ष	प	व	न	वे	ऽ	गो	ऽ	त्क्ष	ऽ
प	सं	—	—	प	ग	प	प	मं	ध	पनी	सं
ष्त	सं	ऽ	ऽ	शु	ऽ	ऽ	ष्क	प	ऽ	र्णाः	ऽ
सं	सं	प	प	ग	ग	प	—	—	—	मं	ध
दि	न	क	र	प	रि	ता	ऽ	ऽ	ऽ	प	क्षी
ध	ध	प	—	नी	सं	—	प	ग	प	गरे	स
ऽ	ण	तो	ऽ	याः	ऽ	ऽ	स	म	ऽ	न्ताऽ	द्
स	रे	स	स	ग	ग	प	—	मं	—	ध	—
वि	द	ध	ति	भ	य	मु	ऽ	च्चै	ऽ	र्वी	ऽ
प	प	नी	सं	—	—	सं	प	ग	रे	—	स
क्षय	मा	ऽ	णा	ऽ	ऽ	व	ना	ऽ	न्ताः	ऽ	ऽ

×		०		२		०		३		४	
ग	ग	ग	मं	मं	मं	ध	—	—	प	—	—
श्व	सि	ति	वि	ह	ग	व	ऽ	ऽ	गं:	ऽ	ऽ
सं	—	सं	सं	—	सं	—	नी	रें	रें	सं	—
शी	ऽ	र्ण	प	ऽ	र्ण	ऽ	द्रु	म	ऽ	स्थः	ऽ
सं	नि	रें	रें	सं	सं	नी	—	रें	—	संसं	—
क	पि	कु	ल	मु	प	या	ऽ	ति	ऽ	क्ला	ऽ
सं	सं	नी	रें	—	—	—	सं	गंमं	गंरें	संसं	—
न्त	म	ऽ	द्रे	ऽ	ऽ	ऽ	र्नि	कुऽ	ऽऽ	ञ्जम्	ऽ
नो	रें	सं	गं	मं	गं	रें	—	सं	—	—	—
भ्र	म	ति	ग	व	य	यू	ऽ	थः	ऽ	ऽ	ऽ
सं	—	प	ग	प	ग	—	रे	स	रे	स	—
स	ऽ	वं	त	ऽ	स्तो	ऽ	य	मि	ऽ	च्छन्	ऽ
स	रे	स	स	ग	ग	प	—	मं	—	ध	—
शा	र	भ	कु	ल	म	जि	ऽ	ह्वं	ऽ	प्रो	ऽ
ध	प	प	—	नी	—	—	नी	सं	सं	सं	सं
ऽ	द्ध	र	ऽ	त्य	ऽ	ऽ	म्बु	कू	ऽ	पातु	ऽ

Direction : The third, fifth & the seventh verse should be sung like the first verse and the remaining verses like the second verse of this song.

Date of composition : 1.10-90

४. वर्षारामणीयकम्

राग मियांमल्हार

४. वर्षारामणीयकम्[1]

सशीकराम्भोधरमत्तकुञ्जर-
स्तडित्पताकोऽशनिशब्दमर्दलः ।
समागतो राजवदुद्धतद्युति-
र्घनागमः कामिजनप्रियः प्रिये ॥१॥

नितान्तनीलोत्पलपत्रकान्तिभिः
क्वचित्प्रभिन्नाञ्जनराशिसंनिभैः ।
क्वचित्सगर्भप्रमदास्तनप्रभैः
समाचितं व्योम घनैः समन्ततः ॥२॥

तृषाकुलैश्चातकपक्षिणां कुलैः
प्रयाचितास्तोयभरावलम्बिनः ।
प्रयान्ति मन्दं बहुधारवर्षिणो
बलाहकाः श्रोत्रमनोहरस्वनाः ॥३॥

---

१. ऋतुसंहारम्—२।१-६

बलाहकाश्चाशनिशब्दमर्दलाः

सुरेन्द्रचापं दधतस्तडिद्गुणम् ।

सुतीक्ष्णधारापतनोग्रसायकै-

स्तुदन्ति चेतः प्रसभं प्रवासिनाम् ॥४॥

प्रभिन्नवैदूर्यनिभैस्तृणाङ्कुरैः

समाचिता प्रोत्थितकन्दलीदलैः ।

विभाति शुक्लेतररत्नभूषिता

वराङ्गनेव क्षितिरिन्द्रगोपकैः ॥५॥

सदा मनोज्ञं स्वनदुत्सवोत्सुकं

विकीर्णविस्तीर्णकलापशोभितम् ।

ससंभ्रमालिङ्गनचुम्बनाकुल

प्रवृत्तनृत्यं कुलमद्य बर्हिणाम् ॥६॥

निपातयन्त्यः परितस्तटद्रुमा-

न्प्रवृद्धवेगैः सलिलैरनिर्मलैः ।

स्त्रियः सुदुष्टा इव जातविभ्रमाः

प्रयान्ति नद्यस्त्वरितं पयोनिधिम् ॥७॥

तृणोत्करैरुद्गतकोमलाङ्कुरै-

श्चितानि नीलैर्हरिणीमुखक्षतैः ।

वनानि वैन्ध्यानि हरन्ति मानसं

विभूषितान्युद्गतपल्लवैर्द्रुमैः ॥८॥

विलोलनेत्रोत्पलशोभिताननै-

र्मृगैः समन्तादुपजातसाध्वसैः ।

समाचिता सैकतिनी वनस्थली

समुत्सुकत्वं प्रकरोति चेतसः ॥९॥

—×—

(1)

O dear, the rainy season, beloved of the amorous has appeared like a king having the clouds surcharged with water as the infuriated elephants, the flashes of lightning serving as flags, the rumble of thunder as the beating of the *mṛdaṅga* drums and showering brilliance in all the directions.

(2)

Appearing somewhere like having the lustre of the blue petals of the blue lotuses, in some places looking like the heap of powdered collyrium, in others resembling the breasts of pregnant women, the clouds have covered the sky.

(3)

Being requested for water by the flocks of thirst-stricken *Cātakas* and emitting slow mutterings pleasant to the ear, clouds, bent down by the weight of their watery contents and about to pour down in large streams, are slowly moving on.

(4)

Producing the rumble of thunder to serve as the beating of the *mṛdaṅga* drums and weilding rainbow with the string of the lightning set to it, the clouds are agitating the minds of the travellers with the strokes of sharpened arrows in the form of the fall of the very sharp showers.

(5)

Having the shoots of grass appearing like splintered cat's-eye gems, the leaves of the *Kandalī* plants rising up from the ground and the *Indragopaka* insects, the earth resembles a charming lady bedecked with jewels of other colours than white.

(6)

A flock of peacocks, always singing beautifully, charming with its broad plumage spread out, busy in flurried embraces and kisses with beloved peahens and longing for this festive occasion has today begun dancing.

(7)

Felling everywhere the trees on the banks by their muddy waters rushing with great force, the rivers are impetuously running to the ocean like unchaste women mentally flurried by passion.

(8)

The forests on the mount *Vindhya* are pilfering the minds of men, adorned (as they are) with trees clothed with new leaves and branches, and full of numerous kinds of dark green grass which have put forth tender shoots and which are browsed by the mouths of female deer.

(9)

The sandy forest-ground is exciting curiosity in the mind, being full everywhere of frightened deer, whose heads have been rendered charming by their tremulous, blue-lotus-like eyes.

———

(१)

हे प्रिये ! जल-बिन्दुओं से पूर्ण मेघों के मत्त गज पर आरूढ, चमकती हुई तडित् (बिजली) की पताका फहराता हुआ, मेघगर्जन का मृदङ्ग बजाता हुआ, कामिजनों का प्रिय पावस (वर्षा) ऋतु राजा के समान विपुल नाद करता हुआ (ठाट-बाट-सहित अथवा द्युतिसम्पन्न) आ गया है।

(२)

कहीं पर तो नीलकमल की पंखुड़ी के समान नीले, कहीं सान्द्र कज्जल-राशि के समान काले तो कहीं अन्तर्वत्नी (गर्भवती) रमणी के पयोधर के समान पीले रङ्ग के मेघ आकाश में छाये हुए हैं।

(३)

पिपासा से व्याकुल चातक पक्षियों के समूह जिनसे जल की याचना कर रहे हैं, ऐसे ये मेघ जल के भार से नीचे को ओर झुके हुए, कर्णमधुर गर्जन करते हुए तथा अनेक धाराओं में बरसते हुए धीरे धीरे चले जा रहे हैं।

(४)

मृदङ्ग के सदृश ध्वनि करते हुए, बिजली की प्रत्यञ्चा से युक्त सतरङ्गी इन्द्रधनुष चढ़ाये हुए मेघ अपनी तीक्ष्ण धारा के उग्र बाणों की वर्षा करके प्रवासिओं के अन्तःकरण को बड़ा क्लेशित करते हैं।

(५)

विकीर्ण (छितराई हुई) वैदूर्य मणि के सदृश सुशोभित तृण के कोमल अङ्कुरों से व्याप्त, ऊपर निकले हुए कन्दलो (कुकुरमुत्ता) के पत्तों से परिपूर्ण एवं लाल रङ्ग की वीरबहूटियों से विभूषित पृथ्वी उस सुन्दरी कुलाङ्गना के समान दिखाई दे रही है जो श्वेत रङ्ग को छोड़कर अन्य रङ्गों के रत्नों के भूषणों से भूषित हो।

(६)

सदा मधुर ध्वनि करने वाले, गर्जन करते हुए मेघों की शोभा से आनन्दमग्न हो उठने वाले और पंख खोल कर फैलाने से अतिसुन्दर दिखने वाले ये मयूरों के समूह सहसा अपनी प्रियतमा मयूरियों का आलिङ्गन एवं चुम्बन करते हुए नृत्य में प्रवृत्त परिलक्षित हो रहे हैं।

(७)

सब ओर अपने तटों पर उगे हुए वृक्षों को अपने गन्दे जल की प्रबल बहाव वाली धारा से गिराती हुई ये नदियाँ बड़ी शीघ्रता के साथ सागर की ओर इस प्रकार भागी जा रही हैं जिस प्रकार कामदेव से व्याप्त कामवती कुलटा रमणियाँ अपने कुल की मर्यादा तोड़कर अपने प्रेमी के पास भागती हुई जाती हैं ।

(८)

मृगियों के मुखों से कुतरी हुई, अतिशय कोमल, नीली एवं हरी हरी घासों तथा नवीन किसलयों से सुशोभित वृक्षों से विभूषित विन्ध्याचल के वन किसके चित्त को आकृष्ट नहीं करते हैं ।

(९)

नीलकमल के समान सुन्दर तथा चञ्चल नेत्रों के कारण मनोहर मुखों वाले एवं भयभीत मृगों से चारों ओर घिरी हुई तथा रेतीली पृथ्वी से युक्त यह वनस्थली चित्त को औत्सुक्य से भर देती है ।

—-०——

४. वर्षारामणीयकम्

छन्दः—वंशस्थम्

राग मियांमल्हार | ताल एकताल

×		०		२		०		३		४	
म	रे	—	स	नी	—	नी	—	म	प	नी	—
स	सी	ऽ	क	रा	ऽ	म्भो	ऽ	ध	र	म	ऽ
ध	नी	—	नी	स	स	स	रे	—	रे	रे	—
त्त	कु	ऽ	ञ्ज	र	ऽ	स्त	डि	ऽ	त्प	ता	ऽ
रे	—	स	रे	प	ग	म	रे	—	रे	स	स
को	ऽ	श	नि	श	ऽ	ब्द	म	ऽ	र्द	लः	ऽ
रे	प	—	प	प	—	प	—	म	प	नी	—
स	मा	ऽ	ग	तो	ऽ	रा	ऽ	ज	व	द्रु	ऽ
प	ग	म	रे	स	स	म	रे	स	नी	नी	नी
द्ध	त	ऽ	द्यु	ति	ऽ	र्घ	ना	ऽ	ग	मः	ऽ
नी	—	म	प	नी	नी	ध	नी	—	नी	स	—
का	ऽ	मि	ज	न	ऽ	प्रि	यः	ऽ	प्रि	ये	ऽ

×		०		२		०		३		४	
म	म	—	म	रे	—	म	—	प	प	नी̱	—
नि	ता	ऽ	न्त	नी	ऽ	लो	ऽ	त्प	ल	प	ऽ
ध	नी	—	नी	सं	सं	नी	नी	—	सं	सं	—
त्र	का	ऽ	न्ति	भिः	ऽ	क्व	चि	ऽ	त्प्र	भि	ऽ
नी	—	सं	सं	नी̱	—	ध	ध	नी	नी	सं	—
न्ना	ऽ	ञ्ज	न	रा	ऽ	शि	स	ऽ	न्नि	भैः	ऽ
नी	सं	—	नी̱	नी̱	—	प	—	प	प	ग̱	—
क्व	चि	ऽ	त्स	ग	ऽ	भं	ऽ	प्र	म	दा	ऽ
म	रे	—	रे	स	—	म	रे	—	स	नी̱̣	—
स्त	न	ऽ	प्र	भैः	ऽ	स	मा	ऽ	चि	तं	ऽ
नी̱̣	—	म̣	प̣	नी̱̣	—	ध̣	नी̣	—	नी̣	स	स
व्यो	ऽ	म	घ	नैः	ऽ	स	म	ऽ	न्त	तः	ऽ

×		०		२		०		३		४	
म	रे	—	रे	प	—	प	—	नी॒	नी॒	ध	—
तृ	षा	ऽ	कु	लै	ऽ	श्चा	ऽ	त	क	प	ऽ
ध	नी	ध	नी	सं	सं	नी	सं	रें	सं	नी॒	—
क्षि	णां	ऽ	कु	लैः	ऽ	प्र	या	ऽ	चि	ता	ऽ
नी॒	—	म	प	नी॒	—	ध	नी	—	नी	सं	सं
स्तो	ऽ	य	भ	रा	ऽ	व	ल	ऽ	म्बि	नः	ऽ
रें	पं	—	पं	गं॒	—	मं	—	रें	सं	नी॒	—
प्र	या	ऽ	न्ति	म	ऽ	न्दं	ऽ	ब	हु	धा	ऽ
ध	नी	—	नी	सं	—	नी	सं	—	सं	नी॒	—
र	व	ऽ	वि	णो	ऽ	ब	ला	ऽ	ह	का	ऽ
प	—	प	प	ग॒	—	म	रे	—	रे	स	स
श्रो	ऽ	त्र	म	नो	ऽ	ह	र	ऽ	स्व	नाः	ऽ

Direction : The fourth and the seventh verse will be sung like the first verse, the fifth and the eight verse like the second verse and the sixth and the nineth verse will be sung like the third verse of this song.

Date of composition—26.9.90

५. प्रावृषि प्रमदाविलासः

राग सूरमल्हार

५. प्रावृषि प्रमदाविलासः

अभीक्ष्णमुच्चैर्ध्वनता पयोमुचा
घनान्धकारीकृतशर्वरीष्वपि ।
तडित्प्रभादर्शितमार्गभूमयः
प्रयान्ति रागादभिसारिकाः स्त्रियः ॥१॥

पयोधरैर्भीमगभीरनिस्वनै-
स्तडिद्भिरुद्वेजितचेतसो भृशम् ।
कृतापराधानपि योषितः प्रिया-
न्परिष्वजन्ते शयने निरन्तरम् ॥२॥

विलोचनेन्दीवरवारिबिन्दुभि-
र्निषिक्तबिम्बाधरचारुपल्लवाः ।
निरस्तमाल्याभरणानुलेपनाः
स्थिताः निराशाः प्रमदाः प्रवासिनाम् ॥३॥

विपाण्डुरं कीटरजस्तृणान्वितं
भुजङ्गवद्वक्रगतिप्रसर्पितम् ।
ससाध्वसैर्भेककुलैर्निरीक्षितं
प्रयाति निम्नाभिमुखं नवोदकम् ॥४॥

विपत्रपुष्पां नलिनीं समुत्सुका
विहाय भृङ्गाः श्रुतिहारिनिस्वनाः ।
पतन्ति मूढाः शिखिनां प्रनृत्यतां
कलापचक्रेषु नवोत्पलाशया ॥५॥

वनद्विपानां नववारिदस्वनै-
र्मदान्वितानां ध्वनतां मुहुर्मुहुः ।
कपोलदेशा विमलोत्पलप्रभाः
सभृङ्गयूथैर्मदवारिभिश्चिताः ॥६॥

सितोत्पलाभाम्बुदचुम्बितोपलाः
समाचिताः प्रस्रवणैः समन्ततः ।
प्रवृत्तनृत्यैः शिखिभिः समाकुलाः
समुत्सुकत्वं जनयन्ति भूधराः ॥७॥

कदम्बसर्जार्जुनकेतकीवनं
विकम्पयंस्तत्कुसुमाधिवासितः ।
ससीकराम्भोधरसङ्गशीतलः
समीरणः कं न करोति सोत्सुकम् ॥८॥

शिरोरुहैः श्रोणितटावलम्बिभिः
कृतावतंसैः कुसुमैः सुगन्धिभिः ।
स्तनैः सहारैर्वदनैः ससीधुभिः
स्त्रियो रतिं संजनयन्ति कामिनाम् ॥९॥

वहन्ति वर्षन्ति नदन्ति भान्ति
ध्यायन्ति नृत्यन्ति समाश्रयन्ति ।
नद्यो घना मत्तगजा वनान्ताः
प्रियाविहीनाः शिखिनः प्लवङ्गाः ॥१०॥

तडिल्लताशक्रधनुर्विभूषिताः
पयोधरास्तोयभरावलम्बिनः ।
स्त्रियश्च काञ्चीमणिकुण्डलोज्ज्वला
हरन्ति चेतो युगपत्प्रवासिनाम् ॥११॥ *

—×—

* ऋतुसंहारम्—२।१०-२०

(1)

The clouds are always thundering loudly and have enshrouded the night with thick darkness. Still finding their way by flashes of lightning, the *abhisārikā* ladies, under the influence of passion, are going to meet their lovers.

(2)

Excessively frightened it their minds by the flashes of lightning and the clouds thundering fiercely and deeply, the women are closely embracing in sleep their lovers, although they have (before) offended them.

(3)

The wives of people who are away from home are passing their time in despair, sprinkling, with the drops of tears from their lotus-like eyes, their *bimba*-like lower lips resembling beautiful and tender leaves (of trees) and casting aside garlands, ornaments and the cosmetics.

(4)

The new (rainy) water is running down to a low level, greyish in colour, full of insects, dust and grass, moving in a zig-zag way like a serpent, (and) viewed (thus) by terrified frogs.

(5)

The black bees, humming sweetly, abandon a lotus-plant from which leaves and flowers have dropped off, and in their anxiety foolishly alight on the feathers of dancing peacocks expecting (to find) new lotuses there.

(6)

Wild elephants who, infuriated at the thunder of new clouds, are repeatedly trampeting, have their temples, covered with the juicy rut accompanied by swarms of bees, glowing like fresh blue lotuses.

(7)

Their rocks being touched by clouds shining like white lotuses, mountains covered all round with fountains and full of dancing peacocks are filling the minds (of beholders) with curiosity.

(8)

Shaking the groves of the *kadamba*, *sarja*, *arjuna* and *ketaki* trees, spreading the fragrance of their flowers and cooled by coming in contact with clouds surcharged with water,—whom does the breeze not make love-sick ?

(9)

By the tresses hanging down over their broad hips, by sweet-fragranced flowers made up into ear-ornaments, by breasts adorned with garlands and by mouths smelling liquor, the women are inflaming love in their lovers.

(10)

In this rainy season, the river flow, the clouds rain, the elephants trampet, the forest-regions are adorned with green grass, in the absence of their beloveds, the lovers are love-sick, the peacocks dance and the monkeys take sheltre in caves.

(11)

The clouds, adorned with streaks of lightning and rainbows, (and) bent down by the weight of water, and the women charming with waist-bands and jewelled ear-rings, are simultaneously distracting the minds of men living apart from their wives.

—o—

(१)

अभिसारिणी रमणियाँ बारम्बार उच्च स्वर से गर्जन करते हुए मेघों द्वारा प्रगाढ़ अन्धकार से आच्छादित रात्रि में भी बिजली की प्रभा से अपने मार्ग को देखती हुई अतिशय अनुराग के साथ अपने प्रेमियों के पास चली जा रहीं हैं।

(२)

मेघों की भीषण एवं गम्भीर गर्जना को सुन कर तथा बिजली की चकाचौंध से अतिशय भयभीत सुन्दरियाँ अपराधी प्रियतम को भी शयन में गाढ़ आलिङ्गन में निरन्तर आबद्ध रखती हैं।

(३)

इस वर्षा ऋतु में प्रवासियों की अङ्गनाएं बिम्बाफल के समान लाल तथा नवीन कोपल के समान कोमल अपने अधरों को, अपने नेत्र-कमल से गिरती हुई अश्रु-धाराओं से सींचती हुई तथा अपने माल्य, आभूषण एवम् अङ्गराग आदि को त्याग कर अत्यधिक निराशा के साथ अपना समय व्यतीत करती हैं।

(४)

छोटे कीटों, गरमी की धूल तथा तृणादि को बहाता हुआ मटमैला बरसाती पानी, साँप के समान टेढ़ी-मेढ़ी गति से नीची ज़मीन से बहा जा रहा है और बेचारे मेढ़क उसे साँप समझ कर डरते हुए देख रहे हैं।

(५)

कर्णमधुर गुञ्जार-रूप सङ्गीत प्रस्तुत करते हुए उत्कण्ठित भ्रमरों का समूह बिना पत्तों तथा पुष्पों वाली कमलिनी को छोड़कर, नूतन कमल की प्रत्याशा से, मूढतावश, अपने नृत्य में संलग्न मोरों के कलापों के ऊपर जाकर गिर रहा है।

(६)

नवीन मेघों के गर्जन से जब जङ्गल के हाथी उन्मत्त हो उठते हैं, बार बार चिंघाड़ने लगते हैं और जब उनके गण्डस्थल से बहते हुए मद पर भ्रमर आकर लिपट जाते हैं, तब उस समय उन हाथियों के कपोलस्थल स्वच्छ नीलकमल के समान दिखाई पड़ते हैं।

(७)

श्वेत कमल के समान शोभा वाले मेघों द्वारा जिनके शिखर चुम्बित हैं, जिनके चारों ओर झरने झर रहे हैं तथा जो नाचते हुए मयूरों से सर्वत्र व्याप्त हैं, ऐसे पर्वत (दर्शकों के चित्त में) उत्सुकता उत्पन्न कर रहे हैं।

(८)

कदम्ब, सर्ज, अर्जुन तथा केतकी से युक्त वनों को कम्पित करता हुआ, इनके पुष्पों की सुगन्ध से सुरभित तथा जलकणों से मिश्रित मेघों के सम्पर्क से शीतल पवन भला किसे आनन्दमग्न नहीं कर रहा है।

(९)

इस वर्षा ऋतु में रमणियाँ अपने नितम्बों तक केशों को लटका कर, अपने कानों में सुरभित पुष्पाभरण पहन कर, स्तन-मण्डलों पर मालाएँ धारण कर तथा मधु का पान कर अपने कामुक प्रेमियों के चित्त में प्रेम-भाव उत्पन्न करती हैं।

(१०)

इस वर्षा ऋतु में सरिताएं बहती हैं, मेघ बरसते हैं, मतवाले गज चिंघाड़ते हैं, वनप्रदेश सुशोभित होते हैं (सर्वत्र हरियाली छाई रहती है), अपनी प्रियाओं से विरहित प्रेमी विरहाकुल होते हैं, मयूर नाचते हैं तथा वानर गुफ़ाओं में छिप जाते हैं।

(११)

विद्युल्लता की क्षणिक कान्ति तथा इन्द्रधनुष से सुशोभित एवं जल के भार से नीचे की ओर झुकी हुई काले काले मेघों की घटाएं तथा काञ्ची (करधनी) एवं रत्नजटित कुण्डलों से विभूषित रमणियाँ—ये दोनों ही प्रवास में स्थित जनों का चित्त एक साथ ही हर लेती हैं।

५. प्रावृषि प्रमदाविलासः

छन्दः—वंशस्थम् एवम् उपजातिः

राग सूरमल्हार | ताल एकताल

×		०		२		०		३		४	
रें	सं	रें	सं	नी	सं	नी̱	—	प	प	म	नी̱
अ	भी	ऽ	क्षण	मु	ऽ	च्चै	ऽ	र्ध्व	न	ता	ऽ
प	म	रे	स	नी̣	स	सं	—	नी̱	प	म	प
ऽ	प	यो	ऽ	ऽ	मु	चा	ऽ	ऽ	ऽ	ऽ	ऽ
रें	सं	रें	सं	नी	सं	नी̱	—	प	प	म	नी̱
घ	ना	ऽ	न्ध	का	ऽ	री	ऽ	कृ	त	श	ऽ
प	म	रे	स	नी̣	स	सं	—	नी̱	प	म	प
ऽ	वं	री	ऽ	ऽ	ष्व	पि	ऽ	ऽ	ऽ	ऽ	ऽ
नी̣	स	रे	म	स	रे	म	प	रे	म	प	नी
त	डि	ऽ	त्प्र	भा	ऽ	ऽ	ऽ	ब	ऽ	शि	त
सं	—	गं̱	गं̱	मं	मं	रें	रें	रें	सं	सं	सं
मा	ऽ	गं	मू	ऽ	ऽ	म	यः	ऽ	ऽ	ऽ	ऽ
नी̣	स	रे	म	स	रे	म	प	रे	म	प	नी
प्र	या	ऽ	न्ति	रा	ऽ	ऽ	ऽ	गा	ऽ	ब	भि
सं	—	ग̱	ग̱	म	म	रे	रे	रे	स	स	स
सा	ऽ	रि	का	ऽ	ऽ	स्त्रि	यः	ऽ	ऽ	ऽ	ऽ

×		०		२		०		३		४	
म	प	—	प	नी̱	ध	प	प	म	—	प	प
प	यो	ऽ	ध	रै	ऽ	ऽ	ऽ	र्भी	ऽ	म	ग
नी̱	ध	प	प	नी	नी	सं	सं	रें	नी	सं	सं
भी	ऽ	ऽ	र	नि	ऽ	ऽ	स्व	नै	ऽ	ऽ	ऽ
प	नी̱	प	प	सं	—	सं	सं	प	नी̱	प	सं
स्त	डि	ऽ	द्भि	रु	ऽ	द्धे	ऽ	जि	त	चे	ऽ
सं	सं	सं	सं	नी	सं	रेंरें	सं	नी̱	—	प	—
त	सो	ऽ	ऽ	भू	ऽ	शम्	ऽ	ऽ	ऽ	ऽ	ऽ
म	रे	म	म	म	—	रे	म	नी̱	ध	प	प
कृ	ता	ऽ	प	रा	ऽ	ऽ	ऽ	धा	ऽ	न	पि
म	रे	म	म	म	—	रे	म	नी̱	ध	प	प
यो	ऽ	ऽ	षि	तः	ऽ	ऽ	प्रि	या	ऽ	ऽ	न्
नी़	स	रे	म	स	रे	म	प	रे	म	प	नी
प	रि	ऽ	ष्व	ज	ऽ	न्ते	ऽ	श	य	ने	ऽ
सं	—	प	प	रें	रें	रेंरें	रें	रें	रें	सं	—
ऽ	ऽ	नि	र	ऽ	न्त	रम्	ऽ	ऽ	ऽ	ऽ	ऽ

Direction : The third, fifth, seventh, ninth and the eleventh verse will be sung like the first verse and the remaining verses will be sung like the second verse of this song.

Date of composition : 26.9.90

६. प्रावृषि योषिदलङ्करणम्

राग मेघमल्हार

६. प्रावृषि योषिदलङ्करणम्[1]

मालाः कदम्बनवकेसरकेतकीभि-

रायोजिताः शिरसि बिभ्रति योषितोऽद्य।

कर्णान्तरेषु ककुभद्रुममञ्जरीभि-

रिच्छानुकूलरचितानवतंसकांश्च ॥१॥

कालागुरुप्रचुरचन्दनर्चिताङ्ग्यः

पुष्पावतंससुरभीकृतकेशपाशाः।

श्रुत्वा ध्वनिं जलमुचां त्वरितं प्रदोषे

शय्यागृहं गुरुगृहात्प्रविशन्ति नार्यः ॥२॥

—·—

१. ऋतुसंहारम्—२।२१-२२

(1)

These days, pleasure-seeking women wear on their head garlands made of new flowers of *kadamba, kesara* and *ketakī* and in their ear-spaces (they wear) ear-ornaments made of *kakubha-mañjarīs* according to their wish.

(2)

Their limbs perfumed with sandal-paste mixed with powdered black *agaru* and their tresses rendered fragrant by flower-garlands, women, hearing the muttering of clouds, quickly enter in the early night the bed-chambers leaving the apartments of their elders.

—o—

(१)

इस वर्षा ऋतु में रमणियाँ कदम्ब, केसर तथा केतकी के नये नये कुसुमों की मालाएं गूँथ कर अपने केशपाशों को सजाती हैं तथा अपने कानों में ककुभ वृक्ष की मञ्जरियों से अभीष्ट प्रकार से बने हुए कर्णाभूषण धारण करती हैं।

(२)

जिन अङ्गनाओं के अङ्ग कालागुरुमिश्रित चन्दन से चर्चित (लिप्त) हैं, जिनके केशपाश वेणी में गुँथे पुष्पों से सुरभित हैं, वे सन्ध्याकाल में ही मेघों का गर्जन सुनकर तत्काल घर के गुरुजनों के पास से उठकर अपने शयनकक्ष में प्रवेश कर जाती हैं।

—×—

६. प्रावृषि योषिदलङ्करणम्

छन्दः—वसन्ततिलका

राग मेघमल्हार | ताल चौताल

×		०		२		०		३		४	
सं	—	नी	सं	—	—	सं	रें	—	सं	नी	सं
मा	ऽ	ला	ऽ	ऽ	ऽ	क	द	ऽ	म्ब	न	व
ऩी	प	म	प	सं	—	—	सं	ऩी	प	म	रे
के	ऽ	स	र	के	ऽ	ऽ	त	की	ऽ	भि	ऽ
रे	—	रे	—	रे	म	रे	रे	—	स	स	स
रा	ऽ	यो	ऽ	ऽ	ऽ	जि	ता	ऽ	शि	र	सि
स	स	रे	रे	रे	प	रे	रे	म	रे	स	—
बि	ऽ	भ्र	ति	यो	ऽ	ऽ	षि	तो	ऽ	द्य	ऽ
म	प	नी	सं	सं	सं	नी	नी	सं	सं	नी	सं
क	ऽ	र्णा	ऽ	ऽ	ऽ	न्त	रे	ऽ	षु	क	कु
रें	रें	मं	रें	सं	सं	रें	रें	मं	रें	सं	सं
भ	ऽ	द्रु	म	म	ऽ	ऽ	ञ्ज	री	ऽ	भि	ऽ
सं	सं	रें	रें	पं	मं	रें	मं	रें	रें	सं	सं
रि	ऽ	च्छा	ऽ	ऽ	ऽ	नु	कू	ऽ	ल	र	चि
नी	नी	सं	सं	ऩी	प	रे	रे	म	रे	स	स
ता	ऽ	न	व	तं	ऽ	ऽ	स	कां	ऽ	श्च	ऽ

Direction : The second verse of this song should be sung like the first verse.
Date of composition : 27.9.90

७. वर्षर्तौ पुष्पश्रीः

राग गौड़मलहार

७. वर्षर्तौ पुष्पश्रीः[१]

कुवलयदलनीलैरुन्नतैस्तोयनम्रै-
मृदुपवनविधूतैर्मन्दमन्दं चलद्भिः ।
अपहृतमिव चेतस्तोयदैः सेन्द्रचापैः
पथिकजनवधूनां तद्वियोगाकुलानाम् ॥१॥

मुदित इव कदम्बैर्जातपुष्पैः समन्ता-
त्पवनचलितशाखैः शाखिभिर्नृत्यतीव ।
हसितमिव विधत्ते सूचिभिः केतकीनां
नवसलिलनिषेकच्छिन्नतापो वनान्तः ॥२॥

शिरसि बकुलमालां मालतीभिः समेतां
विकसितनवपुष्पैर्यूथिकाकुड्मलैश्च ।
विकचनवकदम्बैः कर्णपूरं वधूनां
रचयति जलदौघः कान्तवत्काल एषः ॥३॥

---

१. ऋतुसंहारम्—२/२३-२६

दधति वरकुचाग्रैरुन्नतैर्हारयष्टिं
प्रतनुसितदुकूलान्यायतैः श्रोणिबिम्बैः ।
नवजलकणसेकादुद्गतां रोमराजीं
ललितवलिविभङ्गैर्मध्यदेशैश्च नार्यः ॥४॥

नवजलकणसङ्गाच्छीततामादधानः
कुसुमभरनतानां लासकः पादपानाम् ।
जनितरुचिरगन्धः केतकीनां रजोभिः
परिहरति नभस्वान्प्रोषितानां मनांसि ॥५॥

जलभरनमितानामाश्रयोऽस्माकमुच्चै-
रयमिति जलसेकैस्तोयदास्तोयनम्राः ।
अतिशयपरुषाभिर्ग्रीष्मवह्नेः शिखाभिः
समुपजनिततापं ह्लादयन्तीव विन्ध्यम् ॥६॥

बहुगुणरमणीयः कामिनीचित्तहारी
तरुविटपलतानां बान्धवो निर्विकारः ।
जलदसमय एष प्राणिनां प्राणभूतो
दिशतु तव हितानि प्रायशो वाञ्छितानि ॥७॥

—०—

(1)

The hearts of travellers' wives, depressed by separation from them, are as it were stolen by the clouds, which are dark like blue-lotus-leaves, which are huge and bending low with water, which are shaken by soft breezes and moving very slowly and which are adorned with rainbows.

(2)

The forest-region, whose heat has been removed by the sprinkling of the fresh water, is rejoicing as it were by the *kadambas* having blossoms all round, is dancing in delight as it were by the trees whose branches are being shaken by the wind and is laughing as it were by the buds of *ketakis*.

(3)

This rainy season arranges like a lover, on the heads of beloveds, a garland of *bakula* flowers together with the blossoms of *mālatī*, newly bloomed flowers and the buds of *yūthikā* and arranges ear-ornaments of newly-blossomed *kaḍambas*.

(4)

Ladies wear strings of necklaces by the lofty tops of their excellent breasts, white and very thin silk sarees by their broad, round hips and the line of hair, visible due to the showers of particles of fresh water, by their waists having beautiful furrows of skin-folds.

(5)

Possessing coolness born of the contact with the sprinkling of fresh water of rainy season, making trees, pressed down with the burden of flowers, dance and spreading beautiful fragrance by the pollen of *ketakī* flowers, the wind is stealing the hearts of the travellers.

(6)

Thinking "He is our refuge, when we are bent with the burden of water" the clouds bent down by the weight of water are gladdening with showers of water the *vindhya* mountain assailed with the fierce flames of the fire in summer.

(7)

O dear, may this rainy season, charming due to its numerous excellences, the delighter of women's hearts, the sincere friend of tree-twigs and creepers and which is the very life (as it were) of all the creatures, grant you almost all your cherished good things.

———

(१)

नीलकमल की पंखुड़ियों के समान नीले, जल के भार से नीचे झुक जाने के कारण बहुत कम ऊँचाई पर स्थित, पवन के सहारे मन्द गति से चलते हुए जिन मेघों में इन्द्रधनुष सुशोभित हैं, उन्होंने पथिकों की वधुओं की मानों सुध-बुध ही खो दी है जो इस समय अपने प्रियतमों के वियोग में व्याकुल हो उठी हैं।

(२)

नवीन जल-वृष्टि के सेवन से जिसका ताप नष्ट हो गया है, ऐसा यह अरण्य-प्रदेश चारों ओर खिले हुए कदम्ब के फूलों से ऐसा दिखाई पड़ रहा है जैसे यह अत्यधिक आनन्द में लीन है, पवन से झूमती हुई पेड़ों की शाखाओं को देख कर ऐसा प्रतीत होता है जैसे यह हस्त-सञ्चालन-पूर्वक नृत्य कर रहा हो तथा केतकी पुष्प की कलिकाओं को देखकर ऐसा प्रतीत हो रहा है जैसे यह हँस रहा है।

(३)

यह वर्षा ऋतु मानों अनुरागी नायक की भाँति अपनी प्रेमिका की केशराशि को सजाने के लिए खिले हुए नये फूलों, जूही की नई नई कलियों और मालती तथा मौलसिरी के पुष्पों की माला गूँथ रहा है तथा उनके कानों के लिए नूतन कदम्ब के पुष्पों से कर्णभूषण बना रहा है।

(४)

इस वर्षा ऋतु में सुन्दरी रमणियाँ अपने श्रेष्ठ एवं उन्नत पयोधरों पर मोती की माला धारण करतीं हैं, अपने स्थूल गोल नितम्बों पर महीन श्वेत रेशमी साड़ी पहनती हैं। उनके उदर-भाग में परिलक्षित त्रिवली पर जब वर्षा की नई बूँदें पड़ती हैं तब वहाँ की रोमपंक्ति मानों खड़ी हो जाती है।

(५)

वर्षा ऋतु के नूतन जलकणों से शीतल पवन फूलों के भार से झुके हुए पेड़ों को नचा रहा है। केतकी के पुष्पों का पराग लेकर सर्वत्र मनोहर सुरभि बिखेर रहा है और प्रवासी प्रेमियों के चित्त को चुरा रहा है।

(६)

पानी के भार से झुके हुए मेघ-समूह, ग्रीष्म ऋतु की अग्नि की शिखाओं से अतिशय तप्त विन्ध्यपर्वत की तपन को अपनी भीषण जल-वृष्टि से यह समझ कर बुझा रहा है मानों जब हम जल के भार से भरे हुए यहाँ आते हैं तो यह हमारे लिए आश्रय-स्थान बनता है।

(७)

अपने अनेक गुणों से मनोहर, कामिनियों के मुरझाए मानस को खिला देने वाला, वृक्षों की शाखाओं एवं लताओं का विकाररहित बन्धु तथा समस्त चराचर जीवों का प्राणदायक यह वर्षाकाल आपके मन की अभिलाषा को पूरी करे।

— x —

७. वर्षतौ पुष्पश्रीः

छन्दः—मालिनी

राग गौड़ मल्हार | ताल एकताल

×		०		२		०		३		४	
म	रे	म	म	प	प	म	प	धनी	सं	ध	प
कु	व	ल	य	द	ल	नी	ऽ	लैऽ	ऽ	रु	ऽ
म	प	म	ग	म	नी̱	ध	प	म	प	म	ग
न्न	तै	ऽ	ऽ	स्तो	ऽ	य	न	ऽ	ऽ	त्रै	ऽ
म	रे	म	म	प	प	म	प	धनी	सं	ध	प
मृ	दु	प	व	न	वि	धू	ऽ	तैऽ	ऽ	र्म	ऽ
म	प	म	ग	म	नी̱	ध	प	म	प	म	ग
न्द	म	ऽ	ऽ	न्दं	ऽ	च	ल	ऽ	ऽ	द्भिः	ऽ
म	रे	स	रे	स	स	म	ग	म	नी̱	ध	प
अ	प	हृ	त	मि	व	चे	ऽ	त	ऽ	स्तो	ऽ
म	प	म	ग	म	म	रे	रे	स	रे	स	स
य	दैः	ऽ	ऽ	से	ऽ	न्द्र	चा	ऽ	ऽ	पैः	ऽ
म	नी̱	ध	प	प	प	सं	सं	सं	रें	सं	सं
प	थि	क	ज	न	व	धू	ऽ	नां	ऽ	त	ऽ
ध	नी̱	प	प	धनी	सं	ध	प	म	प	मम	ग
द्वि	यो	ऽ	ऽ	गाऽ	ऽ	कु	ला	ऽ	ऽ	नाम्	ऽ

×		०		२		०		३		४	
प	प	प	प	सं	ध	सं	—	सं	—	सं	सं
मु	दि	त	इ	व	क	द	ऽ	म्बै	ऽ	र्जा	ऽ
सं	सं	रें	सं	सं	सं	ध	ध	नी॒	नी॒	प	प
त	पु	ऽ	ष्पैः	ऽ	ऽ	स	म	ऽ	ऽ	न्ता	त्
प	प	प	प	सं	ध	सं	—	सं	—	सं	सं
प	व	न	च	लि	त	शा	ऽ	खैः	ऽ	शा	-
सं	रें	सं	—	सं	सं	ध	ध	नी॒	नी॒	प	प
खि	भि	ऽ	ऽ	नृं	ऽ	त्य	ती	ऽ	ऽ	व	ऽ
ध	ध	ध	ध	सं	सं	सं	—	सं	रें	सं	सं
ह	सि	त	मि	व	वि	ध	ऽ	त्ते	ऽ	सू	ऽ
ध	ध	नी॒	प	म	रे	प	म	प	प	म	प
चि	भिः	ऽ	ऽ	के	ऽ	त	की	ऽ	ऽ	ना	म्
ध	सं	ध	प	म	प	म	ग	म	रे	म	नी॒
न	व	स	लि	ल	नि	षे	ऽ	क	ऽ	च्छि	ऽ
ध	प	म	प	धनी	सं	ध	प	म	प	म	ग
न्न	ता	ऽ	ऽ	पोऽ	ऽ	व	ना	ऽ	ऽ	न्तः	ऽ

Direction : The third, fifth and the seventh verse will be sung like the first verse and the remaining verses will be sung like the second verse of this song.

Date of composition : 27.9.90

८. शरन्नववधूः

राग बहार

८. शरन्नववधूः[1]

काशांशुका विकचपद्ममनोज्ञवक्त्रा
सोन्मादहंस-रव-नूपुरनादरम्या ।
आपक्वशालिरुचिरानतगात्रयष्टिः
प्राप्ता शरन्नववधूरिव रूपरम्या ॥१॥

काशैर्मही शिशिरदीधितिना रजन्यो
हंसैर्जलानि सरितां कुमुदैः सरांसि ।
सप्तच्छदैः कुसुमभारनतैर्वनान्ताः
शुक्लीकृतान्युपवनानि च मालतीभिः ॥२॥

चञ्चन्मनोज्ञशफरीरसनाकलापाः
पर्यन्तसंस्थितसिताण्डजपङ्क्तिहाराः ।
नद्यो विशालपुलिनान्तनितम्बबिम्बा
मन्दं प्रयान्ति समदाः प्रमदा इवाद्य ॥३॥

---

[1] ऋतुसंहारम्—३।१-१०

व्योम क्वचिद् रजतशङ्खमृणालगौरै-
स्त्यक्ताम्बुभिर्लघुतया शतशः प्रयातैः ।
संलक्ष्यते पवनवेगचलैः पयोदै
राजेव चामरशतैरुपवीज्यमानः ॥४॥

भिन्नाञ्जनप्रचयकान्ति नभो मनोज्ञं
बन्धूकपुष्परजसाऽरुणिता च भूमिः ।
वप्राश्च पक्वकलमावृतभूमिभागाः
प्रोत्कण्ठयन्ति न मनो भुवि कस्य यूनः ॥५॥

मन्दानिलाकुलितचारुतराग्रशाखः
पुष्पोद्गमप्रचयकोमलपल्लवाग्रः ।
मत्तद्विरेफपरिपीतमधुप्रसेक-
श्चित्तं विदारयति कस्य न कोविदारः ॥६॥

तारागणप्रवरभूषणमुद्वहन्ती
मेघावरोधपरिमुक्तशशाङ्कवक्त्रा ।
ज्योत्स्नादुकूलममलं रजनी दधाना
वृद्धिं प्रयात्यनुदिनं प्रमदेव बाला ॥७॥

कारण्डवाननविघट्टितवीचिमालाः
कादम्बसारसकुलाकुलतीरदेशाः ।
कुर्वन्ति हंसविरुतैः परितो जनस्य
प्रीतिं सरोरुहरजोरुणितास्तटिन्यः ॥८॥

नेत्रोत्सवो हृदयहारिमरीचिमालः
प्रह्लादकः शिशिरसीकरवारिवर्षी ।
पत्युर्वियोगविषदग्धशरक्षतानां
चन्द्रो दहत्यतितरां तनुमङ्गनानाम् ॥९॥

आकम्पयन् फलभरानतशालिजाला-
न्यानर्तयंस्तरुवरान् कुसुमावनम्रान् ।
उत्फुल्लपङ्कजवनां नलिनीं विधुन्वन्
यूनां मनश्चलयति प्रसभं नभस्वान् ॥१०॥

---

(1)

Autumn season comes, charming in appearance like a newly-wedded bride, having the *kāśa* flowers as raiment, full-blown lotus as the beautiful face, attractive with the cries of infatuated swans serving as the tinkling of anklets and having the ripening paddies as the lovely, stooping, slender body.

(2)

In the autumn season, the earth is whitened by the *kāśa* flowers; the nights by the moon, the waters of the rivers by swans, the ponds by *kumuda* flowers, the forest-regions by the *saptacchada* trees.

(3)

These days, rivers are moving slowly, like ladies under the influence of passion, having the fickle and beautiful *śapharī* fish for girdle-strings, the rows of white birds (swans etc.) sitting on their banks for garlands and the extensive, sandy regions (on the banks) for round hips.

(4)

With the clouds, white iike silver, conch-shells and lotus-roots, which are moving in hundreds, shaken by the speed of the wind as they are lightened by the pouring of water, the sky in same places shines like a king being fanned by hundreds of *cāmaras* (*chowris*).

(5)

The beautiful sky, looking grey-blue like a heap of powdered collyrium, the earth reddened by the pollen of *bandhūka* flowers and the fields covered with ripened *kalama* rice,—in the mind of which young men do these not create a desire, in this world ?

(6)

Its branches having their beautiful ends waving in the soft breeze, with countless flowers blossoming on it, with its delicate ends of foliage and its flow of honey being sipped by maddened black-bees,—whose heart is not broken by the *kovidāra* tree ?

(7)

Having the countless stars as beautiful ornaments, having the moon, free from the obscuring clouds, for the face and the moon-shine for the clean silken garment, (in the autumn season) the night becomes longer daily, like a girl under the influence of passion.

(8)

Reddened by the pollen of lotuses, with their lines of waves touched by the beaks of *kāraṇḍavas* and with the regions on their banks full of the group of *kādamba* and *sārasa* birds, the rivers everywhere delight the people with cries of swans.

(9)

The moon, the rejoicing of the eyes, whose line of rays captivates the heart, the great gladdener, showering water whose sprinkling is cool, excessively assails the limbs of women, wounded by the poison-coated arrow of separation from their (beloved) husbands.

(10)

The breeze is forcibly agitating the mind of young men, as it is shaking the *Śāli* paddy creepers bent down with the weight of fruits, making the fine trees, hanging down with flowers, dance and is waiving the lotus-plant with a number of lotusses blossoming on it.

——o——

(१)

काश पुष्प के रेशमी वस्त्र पहने हुए, विकसित कमल के समान मनोरम मुखवाली, मतवाले हंसों की सुहावनी बोली के नूपुर (बिछुए) पहने हुए, पके हुए धान के सुन्दर एवं नीचे की ओर झुके हुए शरीर धारण किए यह शरद् ऋतु नवविवाहिता सुन्दरी वधू के समान आ गई है।

(२)

इस शरद् ऋतु ने काश से पृथ्वी को, चन्द्रमा की किरणों से रात्रियों को, हंसों द्वारा सरिताओं के जल को, कुमुदों द्वारा सरोवरों को, पुष्पभार से अवनत सप्तपर्ण (छतिवन) के वृक्षों से वनप्रान्तों को तथा मालती पुष्पों से उपवनों को धवल बना दिया है।

(३)

इस शरद् ऋतु में सरिताएं उसी प्रकार मन्द मन्द बह रही हैं जिस प्रकार काञ्ची और माला धारण किए हुए स्थूल नितम्बों वाली मदमाती रमणियाँ जा रही हों, चञ्चल शफरी मछलियाँ उन सरिताओं की रसना (करधनी) हैं, तट पर बैठे हुए श्वेत पक्षियों की पंक्तियाँ उनकी मालाएँ हैं तथा ऊँचे ऊँचे सिकतामय पुलिन (टीले) उनके नितम्ब हैं।

(४)

यत्र तत्र चाँदी, शङ्ख तथा कमलनाल के समान श्वेत मेघ, जल बरसा देने के कारण हल्के होकर हवा के सहारे जो घूम रहे हैं, उनसे व्याप्त आकाश-मण्डल ऐसे राजा के समान शोभित हो रहा है जिस पर सैंकड़ों चामर डुलाए जा रहे हों।

(५)

ताज़े पारे गए अञ्जन-समूह के समान नीला सुन्दर आकाश, बन्धूक (दुपहरिया) के पुष्पों से लाल बनी हुई पृथ्वी तथा पके हुए धानों से आच्छादित खेत—ये सब इस जगत् में किस युवक के चित्त को उत्कण्ठित नहीं कर देते।

(६)

मन्द मन्द पवन जिसकी शाखाओं के अग्रभाग को कम्पित कर रहा है, जिस पर अनेक फूल खिले हुए हैं, जिसकी पत्तियाँ अतिकोमल हैं और जिसमें से निकलती हुई मधु की धारा का मतवाले भौंरें पान कर रहे हैं—वह कोविदार का वृक्ष किसके हृदय को विदीर्ण नहीं कर देता।

(७)

तारागण-रूपी अनेक अलङ्कारों को धारण करती हुई, मेघों के आवरण से मुक्त चन्द्ररूप मुख वाली इस ऋतु की रजनी चाँदनी रूपी उज्ज्वल वस्त्र को धारण कर मदोन्मत्ता बाला के समान दिन-प्रतिदिन बढ़ती जाती है।

(८)

जिन (नदियों) की लहरें जल में रहने वाले पक्षियों के चोंच से टकरातीं हैं, जिनके तट पर कादम्ब (बत्तख़) तथा सारस पक्षियों के झुण्ड घूम रहे हैं, जिनका जल कमल के परागों से लाल रंग का हो गया है, जिन पर हँस मधुर ध्वनि कर रहे हैं, ऐसी नदियाँ लोगों को आजकल बड़ी सुखद लगतीं हैं।

(९)

सबकी आँखों के उत्सवभूत जिस चन्द्र की रश्मियाँ हृदय को बलात् अपनी ओर आकर्षित कर लेती हैं, वही शीतल फुहार बरसाने वाला आह्लाद-दायक चन्द्रमा पति के विरह रूपी विष बुझे बाणों से आहत रमणियों की अङ्ग-लतिका को नितान्त पीड़ित कर रहा है।

(१०)

अन्न से लदी बालों के भार से झुके हुए शालि धान के पौधों को कम्पित करता हुआ, पुष्पभार से अवनत वृक्षों को नचाता हुआ और विकसित पङ्कजों से युक्त कमलिनियों को हिलाता हुआ समीरण नवयुवकों के हृदय को अत्यधिक मदमत्त बनाता है।

---

८. शरन्नववधूः

छन्दः—वसन्ततिलका

राग बहार | ताल एकताल

×		०		२		०		३		४	
सं	रें	सं	रें	नी	सं	—	प	नी॒	म	प	ग॒
का	ऽ	शां	ऽ	शु	का	ऽ	वि	क	च	प	ऽ
म	नी॒	म	प	ग॒	म	नी॒	नी॒	ध	नी	नी	सं
द्म	म	नो	ऽ	ज्ञ	ऽ	व	ऽ	ऽ	वक्त्रा	ऽ	ऽ
रे	ऩी	स	म	म	म	प	—	प	—	पनी॒	मप
सो	ऽ	ऽ	न्मा	ऽ	द	हं	ऽ	स	ऽ	रऽ	वऽ
ग॒	म	म	नी॒	ध	नी	सं	नीसं	रेंसं	नी॒ध	नीसं	संसं
नू	ऽ	पु	र	ना	ऽ	द	रऽ	ऽऽ	म्या	ऽऽ	ऽऽ
ग॒	म	नी॒	ध	नी	सं	सं	नी	सं	सं	नी	सं
आ	ऽ	प	ऽ	ऽ	क्व	शा	ऽ	लि	ऽ	रु	चि
सं	रें	—	सं	नी	सं	—	प	नी॒	ध	नी॒	प
रा	ऽ	ऽ	न	त	गा	ऽ	त्र	य	ऽ	ष्टिः	ऽ
गं॒	—	गं॒	गं॒	मं	मं	रें	रें	सं	रें	सं	सं
प्रा	ऽ	प्ता	ऽ	श	र	ऽ	न्न	व	व	धू	ऽ
सं	रें	सं	रें	नी	सं	पनी॒	संनी॒	पनी॒	पनी॒	मप	ग॒म
रि	व	रू	ऽ	ऽ	प	रऽ	ऽऽ	ऽऽ	म्याऽ	ऽऽ	ऽऽ

×		०		२		०		३		४	
ग॒	ग॒	म	—	नी॒	ध	नी	—	सं	सं	सं	नी
का	ऽ	शै	ऽ	र्म	ऽ	ही	ऽ	शि	शि	र	दी
सं	सं	नी	सं	सं	—	नी॒	धो	नी॒	ध	नी	सं
ऽ	धि	ति	ना	ऽ	ऽ	र	ऽ	ज	ऽ	न्यो	ऽ
ग॒	—	म	—	नी॒	ध	नी	—	सं	—	सं	नी
हं	ऽ	सै	ऽ	र्जं	ऽ	ला	ऽ	नि	ऽ	स	रि
सं	—	नी	सं	सं	—	नी॒	ध	नी॒	ध	नी	सं
तां	ऽ	कु	मु	दैः	ऽ	स	ऽ	रां	ऽ	सि	ऽ
गं॒	—	मं	—	रें	—	सं	—	नी	नी	सं	सं
स	ऽ	प्त	ऽ	च्छ	ऽ	दैः	ऽ	कु	सु	म	भा
नी	सं	नी॒	ध	ग॒	म	ध	नी	सं	—	सं	—
ऽ	र	न	ऽ	तै	ऽ	र्वं	ऽ	ना	ऽ	न्ताः	ऽ
रें	—	सं	—	रें	—	सं	—	नी॒	—	ध	ध
शु	ऽ	क्ली	ऽ	कृ	ऽ	ता	ऽ	न्यु	ऽ	प	व
नी	—	सं	सं	नी॒	—	प	प	—	ग॒	म	रेस
ना	ऽ	नि	च	मा	ऽ	ल	ती	ऽ	भिः	ऽ	ऽऽ

Direction : The third, fifth, seventh and the ninth verse will be sung like the first verse and the remaining verses will be sung like the second verse of this song.

Date of composition : 28.9.90

९. शरदि प्रकृतिसुषमा

राग बागेश्रीबहार

६. शरदि प्रकृतिसुषमा[1]

सोन्मादहंसमिथुनैरुपशोभितानि
स्वच्छप्रफुल्लकमलोत्पलभूषितानि ।
मन्दप्रभातपवनोद्गतवीचिमाला-
न्युत्कण्ठयन्ति सहसा हृदयं सरांसि ॥१॥

नष्टं धनुर्बलभिदो जलदोदरेषु
सौदामनी स्फुरति नाद्य वियत्पताका ।
धुन्वन्ति पक्षपवनैर्न नभो बलाकाः
पश्यन्ति नोन्नतमुखा गगनं मयूराः ॥२॥

नृत्यप्रयोगरहिताञ्छिखिनो विहाय
हंसानुपैति मदनो मधुरप्रगीतान् ।
मुक्त्वा कदम्बकुटजार्जुनसर्जनीपान्
सप्तच्छदानुपगता कुसुमोद्गमश्रीः ॥३॥

---

१. ऋतुसंहारम्—३।११-२०

शेफालिकाकुसुमगन्धमनोहराणि
स्वस्थस्थिताण्डजकुलप्रतिनादितानि ।
पर्यन्तसंस्थितमृगीनयनोत्पलानि
प्रोत्कण्ठयन्त्युपवनानि मनांसि पुंसाम् ॥४॥

कह्लारपद्मकुमुदानि मुहुर्विधुन्वं-
स्तत्सङ्गमादधिकशीतलतामुपेतः ।
उत्कण्ठयत्यतितरां पवनः प्रभाते
पत्रान्तलग्नतुहिनाम्बुविधूयमानः ॥५॥

सम्पन्नशालिनिचयावृतभूतलानि
स्वस्थस्थितप्रचुरगोकुलशोभितानि ।
हंसैः ससारसकुलैः प्रतिनादितानि
सीमान्तराणि जनयन्ति नृणां प्रमोदम् ॥६॥

हंसैर्जिता सुललिता गतिरङ्गनाना-
मम्भोरुहैर्विकसितैर्मुखचन्द्रकान्तिः ।
नीलोत्पलैर्मदकलानि विलोचनानि
भ्रूविभ्रमाश्च रुचिरास्तनुभिस्तरङ्गैः ॥७॥

श्यामा लताः कुसुमभारनतप्रवालाः
स्त्रीणां हरन्ति धृतभूषणबाहुकान्तिम् ।
दन्तावभासविशदस्मितचन्द्रकान्ति
कङ्केलिपुष्परुचिरा नवमालती च ॥८॥

केशान्नितान्तघननीलविकुञ्चिताग्रा-
नापूरयन्ति वनिता नवमालतीभिः ।
कर्णेषु च प्रवरकाञ्चनकुण्डलेषु
नीलोत्पलानि विविधानि निवेशयन्ति ॥९॥

हारैः सचन्दनरसैः स्तनमण्डलानि
श्रोणीतटं सुविपुलं रसनाकलापैः ।
पादाम्बुजानि कलनूपुरशेखरैश्च
नार्यः प्रहृष्टमनसोऽद्य विभूषयन्ति ॥१०॥

———

(1)

The lakes all at once are making the heart yearn, looking lovely with maddened pairs of swans, adorned with bright, blossoming white and blue lotuses and with lines of waves caused in them by the soft morning breezes.

(2)

These days, the rainbow has disappeared in the clouds, the lightning, the banner in the heavens, does not glitter, the cranes do not stir the sky with the wind of their wings and the peacocks do not look at the sky with uplifted necks.

(3)

Cupid leaves peacocks who have abandoned their performance of dancing and approaches the swans emitting sweet notes like sweet music, the beauty of the blossoming of flowers leaves the *kadamba*, *kuṭaja*, *arjuna*, *sarja* and *nipa* trees and goes to the *saptacchadas*.

(4)

The minds of men are made to yearn by the gardens attractive with the fragrance of *śephālikā* flowers, resonant with the sweet notes of flocks of birds sitting in peace and having the lotus-like eyes of the she-deer seated in the margins.

(5)

Carrying away the watery dew-drops placed on the ends of leaves, shaking frequently the *kalhāra*, *padma* and *kumuda* flowers and becoming cooler due to their contact, the morning breeze creates excessive longing.

(6)

People are gladdened by the numerous fields situated on the village skirts, wherein the ground is covered with ripe paddy, which are beautiful with many herds of cows lying undisturbed and which are echoing with the notes of swans and cranes.

(7)

The swans have conquered the charming gait of women, the full-blown lotues have surpassed the beauty of their moon-like faces, the blue lotuses have excelled their impassioned beautiful glances and the small wavelets have won the charming gestures of their eyebrows.

(8)

The *śyāmā* creepers whose shoots are bent due to their flowery burden surpass the charm of women's arms adorned with ornaments and the new *mālati* flowers, attractive in company with that of the *kaṅkeli* flowers excel the beauty of the moonlike faces of women having smiles bright on account of the lustre of their teeth.

(9)

The women are decorating their dark and thick tresses with curly ends with the fresh *mālatī* flowers and they are placing various kinds of blue lotuses in their ears which were previously adorned with most excellent golden ear-rings.

(10)

Filled with great delight, the ladies are decorating their round breasts with garlands soaked in sandal-paste, their broad hips with girdle-strings and their lotus-like feet with sweet-sounding anklets.

——o——

(१)

जिनके तट मतवाले हंसों के जोड़ों से सुशोभित हैं, जो विकसित श्वेत तथा नीले कमलों से विभूषित हैं और जिनमें प्रातःकालीन धीमी-धीमी हवा से लहरें उठ रही हैं, ऐसे सरोवर सहसा हृदय में उत्कण्ठा उत्पन्न रहे हैं।

(२)

आज कल न तो मेघों में इन्द्रधनुष परिलक्षित हो रहा है, न बिजली ही नभ में पताका के समान फहरा रही है। न बगुले ही अपने पंखों को हिला हिला कर आकाश को पंखे की हवा डुला रहे है और न मयूर ही अपना मुँह ऊपर उठा कर आकाश की ओर देख रहे हैं।

(३)

(वर्षा ऋतु बीत जाने के कारण) जिन मोरों ने अब नृत्य करना छोड़ दिया है, उन्हें छोड़कर अब कामदेव मधुर सङ्गीत के सदृश मधुर कूजन करने वाले हंसों के पास पहुँच गया है और पुष्पों की उत्पत्तिश्री भी कदम्ब, कुटज, अर्जुन, सर्ज और नीव के वृक्षों को छोड़कर सप्तपर्ण (छतिवन) के वृक्षों पर चली गई है।

(४)

जिन उपवनों में शेफालिका (हरसिंगार) के फूलों की मनोहर सुरभि फैली हुई है, जिनमें स्वस्थ भाव से बैठे हुए पक्षियों का मधुर कूजन सवत्र फैल रहा है, जिनके प्रान्तभागों में कमल के समान नेत्रों वाली मृगियाँ बैठी हुई हैं, उन्हें (ऐसे उपवनों को) देखकर लोगों के मन उत्कण्ठा से भर जाते हैं।

(५)

प्रभात के समय पत्तों पर पड़े हुए ओस के कणों को गिराता हुआ, कल्हार (सौगन्धिक), कमल एवं कुमुद के पुष्पों को बार बार कँपाता हुआ अतएव उनके स्पर्श से और अधिक शीतल बना हुआ जो पवन मन्द गति से बह रहा है, वह किसके मन को अतिशय उत्कण्ठा से नहीं भर देता।

(६)

जहाँ के खेतों में धान्यराशि से पूर्ण शालि के पौधे लहलहा रहे है, जहाँ के मैदान स्वस्थ गौओं से सुशोभित हैं, जहाँ अनेक हंस एवं सारस मधुर ध्वनि में कूजन कर रहे हैं, ऐसे सीमान्त के स्थान लोगों को बड़ा आनन्दित करते हैं।

(७)

इस शरद् ऋतु में हंसों ने रमणियों की खूबसूरत गति को, विकसित कमलों ने उनके मुखचन्द्र की शोभा को, नील कमलों ने उनके मतवाले नेत्रों को तथा छोटी छोटी लहरों ने उनके सुन्दर भ्रूविलासों को पराजित कर दिया है।

(८)

पुष्पों के भार से नीचे की ओर झुकी हुई शाखाओं वाली श्यामा लताओं ने रमणियों की अनेक भूषणों से भूषित बाहुओं की शोभा को छीन लिया है तथा कंकेलि पुष्पों के सान्निध्य से सुन्दर नूतन मालती पुष्पों ने दाँतों की आभा से अतिमनोहर स्मित वाले स्त्रियों के मुख-चन्द्र की शोभा को पराजित कर दिया है।

(९)

आजकल वनिताएँ अपनी घनी, घुंघराली एवं काली अलकों में नवीन मालती के फूलों को गूँथती हैं और अपने जिन कानों में वे कभी सुवर्ण के सुन्दर कुण्डल धारण किया करतीं थीं, उनमें वे अनेक प्रकार के नीलकमल धारण कर रही हैं।

(१०)

प्रसन्न चित्त वाली रमणियाँ आजकल अपने पयोधरमण्डल पर चन्दन-रस से युक्त मालाएँ धारण कर रही हैं, अपने विपुल नितम्बों पर करधनी पहन रही हैं तथा अपने चरणकमलों में छम छम बजने वाले नूपुर धारण कर रही है।

—×—

६. शरदि प्रकृतिसुषमा

छन्दः—वसन्ततिलका

राग बागेश्रीबहार — ताल एकताल

×		०		२		०		३		४	
स	म	ग॒	म	म	—	ग॒	म	पम	प	ग॒	मप
सो	ऽ	न्मा	ऽ	द	ऽ	हं	ऽ	सऽ	ऽ	मि	थुऽ
नी॒	ध	नी	नी	सं	—	नी॒ध	नी॒प	मप	ग॒म	ग॒ग॒	रेस
नै	ऽ	रु	प	शो	ऽ	भिऽ	ऽऽ	ताऽ	ऽऽ	निऽ	ऽऽ
नी़॒	ध़	नी़॒	प़	म़	प़	स	—	स	—	ग॒	म
स्व	ऽ	च्छ	ऽ	प्र	ऽ	फु	ऽ	ल्ल	ऽ	क	म
म	नी॒	ध	नी॒	नी॒	—	प	म	ग॒	म	रे	स
लो	ऽ	त्प	ल	भू	ऽ	षि	ऽ	ता	ऽ	नि	ऽ
सं	—	सं	—	नी॒	ध	नी॒	प	नी॒	नी॒	प	म
म	—	न्द	ऽ	प्र	भा	ऽ	त	प	व	नो	ऽ
ग॒	म	म	प	ग॒	म	रे	स	नी़॒	स	स	—
वृग	त	वी	ऽ	चि	ऽ	मा	ऽ	ऽ	ऽ	ला	ऽ
स	म	ग॒	म	म	म	ग॒	म	पम	प	ग॒	मप
न्यु	ऽ	ऽ	त्क	ऽ	ण्ठ	य	ऽ	न्तिऽ	ऽ	स	हऽ
नी॒	ध	नो	नी	सं	—	नो॒ध	नो॒प	पम	ग॒म	ग॒ग॒	रेस
सा	ऽ	हृ	द	यं	ऽ	सऽ	राऽ	रांऽ	ऽऽ	सिऽ	ऽऽ

×		०		२		०		३		४	
म	ग॒	रे	ग॒	म	ध	नी॒	ध	नी	सं	—	नी
न	ऽ	ष्टं	ऽ	ऽ	ध	नु	ऽ	बं	ल	ऽ	भि
सं	—	सं	नी॒	ध	—	म	पध	ग॒	—	रे	
दो	ऽ	ज	ल	दो	ऽ	द	ऽऽ	रे	ऽ	षु	ऽ
म	—	ग॒	—	ध	—	म	—	नी॒	ध	नी	सं
सौ	ऽ	दा	ऽ	मि	ऽ	नी	ऽ	स्फु	र	ति	ऽ
नी॒	—	प	प	म	प	ग॒	म	रे	रे	स	स
ना	ऽ	द्य	वि	य	ऽ	ऽ	त्प	ता	ऽ	का	ऽ
स	नी़॒	ध़	नी़॒	स	—	म	—	ध	ध	नी॒ध	नीसं
धु	ऽ	न्व	ऽ	न्ति	ऽ	प	ऽ	क्ष	प	वऽ	नैऽ
सं	मं	—	मं	गं॒	रें	स	नी॒	ध	नी	सं	—
ऽ	र्न	ऽ	न	ऽ	भो	ऽ	ब	ला	ऽ	काः	ऽ
सं	—	सं	—	नी॒ध	नीसं	सं	नी॒	ध	म	ग॒	म
प	ऽ	श्य	ऽ	ऽऽ	न्तिऽ	नो	ऽ	न्न	त	मु	ऽ
प	ग॒	म	प	प	ग॒	—	म	ग॒	रे	स	—
खा	ऽ	ऽ	ग	ग	नं	ऽ	म	यू	ऽ	राः	ऽ

Direction : The third, fifth, seventh & the ninth verse will be sung like the first verse and the remaining verses like the second verse of this song.

Date of composition : 28.9.90

१० शरदृतौ वरयुवतिविलासः

राग हिंडोलबहार

१०. शरदृतौ वरयुवतिविलासः[1]

स्फुटकुमुदचितानां राजहंसाश्रितानां
मरकतमणिभासा वारिणा भूषितानाम् ।
श्रियमतिशयरूपां व्योम तोयाशयानां
वहति विगतमेघं चन्द्रतारावकीर्णम् ॥१॥

शरदि कुमुदसङ्गाद् वायवो वान्ति शीता
विगतजलदवृन्दा दिग्विभागा मनोज्ञाः ।
विगतकलुषमम्भः श्यानपङ्का धरित्री
विमलकिरणचन्द्रं व्योम ताराविचित्रम् ॥२॥

करकमलमनोज्ञाः कान्तसंसक्तहस्ता
वदनविजितचन्द्राः काश्चिदन्यास्तरुण्यः ।
रचितकुसुमगन्धि प्रायशो यान्ति वेश्म
प्रबलमदनहेतोस्त्यक्तसङ्गीतरागाः ॥३॥

सुरत रसविलासाः सत्सखोभिः समेता
असमशरविनोदं सूचयन्ति प्रकाशम् ।
अनुपममुखरागा रात्रिमध्ये विनोदं
शरदि तरुणकान्ताः सूचयन्ति प्रमोदान् ॥४॥

---

१. ऋतुसंहारम्—३।२१-२८

दिवसकरमयूखैर्बोध्यमानं प्रभाते
वरयुवतिमुखाभं पङ्कजं जृम्भतेऽद्य ।
कुमुदमपि गतेऽस्तं लीयते चन्द्रबिम्बे
हसितमिव वधूनां प्रोषितेषु प्रियेषु ॥५॥

असितनयनलक्ष्मीं लक्षयित्वोत्पलेषु
क्वणितकनककाञ्चीं मत्तहंसस्वनेषु ।
अधररुचिरशोभां बन्धुजीवे प्रियाणां
पथिकजन इदानीं रोदिति भ्रान्तचित्तः ॥६॥

स्त्रीणां विहाय वदनेषु शशाङ्कलक्ष्मीं
काम्यं च हंसवचनं मणिनूपुरेषु ।
बन्धूककान्तिमधरेषु मनोहरेषु
क्वापि प्रयाति सुभगा शरदागमश्रीः ॥७॥

विकचनकमलवक्त्रा फुल्लनीलोत्पलाक्षी
विकसितनवकाशश्वेतवासो वसाना ।
कुमुदरुचिरकान्तिः कामिनीवोन्मदेयं
प्रतिदिशतु शरद् वश्चेतसः प्रीतिमग्र्याम् ॥८॥

—x—

(1)

The sky freed from clouds and bespangled with the moon and the stars has the charming beauty of lakes, full of blossoming lotuses, where royal swans are sitting and which are adorned with water shining like *marakata* gems (emeralds).

(2)

In the autumn season, the breezes blow cool coming in contact with *kumuda* flowers; the quarters are beautiful since the clouds have disappeared; the water has lost its turbidity; the earth is freed of mud; and the sky is adorned with clear-rayed moon and the stars.

(3)

The beautiful ladies who surpass the moon with the lustre of their charming faces, giving up their music (Vocal, Instrumental and Dance), placing their lotus-like attractive arms in the arms of their lovers are entering, due to acute feeling of love, their bed-chambers where fragrant flowers are decorated (strewn on the beds).

(4)

In this autumn season, the young damsels, who enjoy love-sports and adorn their faces with different colours in peculiar styles (or having peerless facial charm), describe to their female friends, when they are in their company, each and every detail of their night-pleasures.

(5)

In the morning of this season, the lotuses unfolded by the rays of the sun, look like the face of the youthful charming damsel. When the rays of the moon disappear, the *kumuda* flowers fade away as the smiles of women vanish when their lovers are away.

(6)

Seeing in blue lotuses the beauty of the dark eyes of their beloved, their jingling golden girdle in the sounds of the infatuated swans and the bright charm of their lower lip in the bandhujīva flowers, the travellers are now weeping with their minds greatly agitated.

(7)

The magnificent charm of the advent of autumn season is departing somewhere, leaving the grace of the moon in the faces of women; the attractive notes of the swans in their jewelled anklets and the beauty of the *bandhūka* flowers in their graceful lower lips. (This description suggests the advent of *Hemanta* season.)

(8)

May this autumn season grant your heart the highest pleasure !—the autumn which, like a young damsel is full of delights, has the blossoming lotus for the face, has blooming blue lotuses for the eyes, wears the expanded new *kāśa* flowers for the white garment (saree) and has a beauty made charming by *kumuda* flowers.

(१)

निर्मल चन्द्र और बिखरे हुए तारों से व्याप्त आजकल का मेघमुक्त आकाशमण्डल जलाशयों की उस अतिशयित शोभा को धारण करता है जिनमें मरकत मणि के समान निर्मल जल भरा हुआ हो तथा राजहंस के साथ यत्र तत्र बहुत से कुमुद पुष्प खिले हुए हों।

(२)

इस शरद् ऋतु में कुमुद पुष्पों के संस्पर्श से पवन शीतल होकर बहता है। मेघों के न रहने से दिग्विभाग स्वच्छ एवं सुन्दर हो गए हैं। जल का मटमैलापन समाप्त हो गया है, पृथ्वी का सारा कीचड़ सूख गया है और नभ में निर्मल किरणों वाला चन्द्रमा एवं तारे प्रकाशित होते हैं।

(३)

अपने सुन्दर मुख की आभा से चन्द्र को पराजित करने वाली सुन्दरी रमणियाँ अपना सब सङ्गीत (गायन, वादन, नृत्य) छोड़कर अतिशय कामातुरता के कारण अपने कमलसदृश सुन्दर हाथों को अपने प्रियों के हाथों में डाल कर उन सुरत-क्रीडा-गृहों में जा रही हैं जहाँ सुरभित पुष्प (के शयन) सजाए जा चुके हैं।

(४)

इस शरद् ऋतु में सुरत-केलि का आनन्द लेने वाली तथा अनूठे ढ़ंग से अपने मुख को रँगने वाली (अथवा अतुलित मुखकान्ति वाली) युवती रमणियाँ जब अपनी सहेलियों के साथ बैठती हैं तब आपस में अपने पर घटित सब बातें बता देती हैं कि उन्होंने रात्रि में किस-किस प्रकार से सुरत-विलासों का सुख प्राप्त किया है।

(५)

प्रभात के समय जब सूर्य अपने करों (किरणों) से कमल को जगाता है, तब वह कमल वराङ्गना के मुख के समान खिल उठता है तथा जिस प्रकार अपने प्रियतम के प्रवास में चले जाने पर रमणियों की मुस्कराहट चली जाती है, उसी प्रकार चन्द्रमा के अस्त हो जाने पर कुमुद पुष्प भी सङ्कुचित हो जाते हैं।

(६)

जब प्रवासी लोग नीलकमलों की कान्ति में अपनी प्रियतमा की काली कजरारी आँखों की छवि देखते हैं, मत्त हंसों के सुमधुर कलरव में अपनी प्रियतमा की सुवर्णनिर्मित करधनी की रुनझुन सुनते हैं और जब बन्धुजीव (दुपहरिया के) पुष्पों में उनके अधर की सुन्दरता की चमक देखते हैं, तब वे बेचारे किंकर्त्तव्य-विमूढ़ होकर रुदन करने लगते हैं।

(७)

शरद् ऋतु की आकर्षक शोभा कहीं पर तो चन्द्र की शोभा को छोड़कर सुन्दरी रमणियों के मुखों में पहुँच गई है, कहीं हंसों के सुमधुर कलरव को छोड़ कर उनके मणिजटित नूपुरों में चली गई है और कहीं बन्धूक (दुपहरिया के) पुष्पों की लालिमा को छोड़कर उसके सुन्दर अधरों में जा बसी है (इससे हेमन्ता-गमन की ध्वनि व्यञ्जित होती है)।

(८)

विकसित कमल के मुख वाली, खिले हुए नीलकमल की आँखों वाली, फूले हुए काश पुष्प की श्वेत शाटिका पहने हुई, कुमुद पुष्प के आकर्षक रूप वाली, कामिनी रमणी के समान मतवाली शरद् ऋतु (रूप नायिका) आप सबके मन में प्रीति की नई नई तरंगें भरने वाली हो।

—•—

१०. शरदृतौ वरयुवतिविलासः

छन्दः—मालिनी

राग हिंडोलबहार ताल एकताल

×		०		२		०		३		४	
स	ग	म॑	ध	नी	ध	सं	—	सं	—	—	—
स्फु	ट	कु	मु	द	चि	ता	ऽ	नां	ऽ	ऽ	ऽ
सं	—	नी॒	प	ग॒	म	—	नी॒	ध	नी	स	—
रा	ऽ	ज	हं	ऽ	सा	ऽ	श्रि	ता	ऽ	तां	ऽ
सं	नी	ध	म॑	ग	ग	म॑	म॑	ग	ग	स	स
म	र	क	त	म	णि	भा	ऽ	ऽ	ऽ	सा	ऽ
स	—	स	म	—	प	—	ग॒	म	—	नी॒ध	नीसं
वा	ऽ	रि	णा	ऽ	भू	ऽ	षि	ता	ऽ	नाम्	ऽऽ
सं	सं	नी	नी	ध	ध	म॑	म॑	ग	—	—	—
श्रि	य	म	ति	श	य	रू	ऽ	पां	ऽ	ऽ	ऽ
स	—	म	म	प	ग॒	म	नी॒	ध	—	नी	सं
व्यो	ऽ	म	तो	ऽ	या	ऽ	श	या	ऽ	नां	ऽ
सं	नी	ध	म॑	ग	ग	म॑	—	ग	—	स	—
व	ह	ति	वि	ग	त	मे	ऽ	घं	ऽ	ऽ	ऽ
स	—	म	म	प	ग॒	म	नी॒	ध	—	नी	सं
च	ऽ	न्द्र	ता	ऽ	रा	ऽ	व	की	ऽ	र्णम्	ऽ

×		०		२		०		३		४	
प	प	प	मप	ग॒	म	नी॒	—	ध	—	नी	सं
श	र	दि	कुऽ	मु	द	स	ऽ	ङ्गा	ऽ	ऽ	ऽ
सं	—	नी	ध	—	म॑	—	ग	म॑	ग	स	—
द्वा	ऽ	य	वो	ऽ	वा	ऽ	न्ति	शी	ऽ	ता	ऽ
स	स	स	म	म	प	ग॒	म	नी॒	ध	नी	सं
वि	ग	त	ज	ल	द	वृ	ऽ	न्दा	ऽ	ऽ	ऽ
गं॒	गं॒	मं	रें	—	सं	—	नी॒	ध	—	नी	सं
दि	ऽ	ग्वि	भा	ऽ	गा	ऽ	म	नो	ऽ	ज्ञाः	ऽ
सं	सं	नी	नी	ध	ध	म॑	म॑	—	ग	—	—
वि	ग	त	क	लु	ष	म	ऽ	ऽ	म्भः	ऽ	ऽ
म॑	ध	म॑	ग	—	म॑	ध	म॑	ग	—	स	—
श्या	ऽ	न	प	ऽ	ङ्का	ऽ	ध	रि	ऽ	त्री	ऽ
स	स	म	म	म	प	ग॒	ग॒	ग॒	म	म	—
वि	म	ल	कि	र	ण	च	ऽ	ऽ	न्द्रं	ऽ	ऽ
नी॒	नी॒	प	प	म	प	ग॒	म	रे	रे	स	स
व्यो	ऽ	म	ता	ऽ	रा	ऽ	वि	चि	ऽ	त्रम्	ऽ

Direction : The third, fifth and the seventh verse will be sung like the first verse and the remaining verses will be sung like the second verse of this song.

Date of composition—30.9.90

११. हेमन्तश्रीः

राग ललित

११. हेमन्तश्रीः[1]

नबप्रवालोद्गमसस्यरम्यः
प्रफुल्ललोध्रः परिपक्वशालिः ।
विलीनपद्मः प्रपतत्तुषारो
हेमन्तकालः समुपागतोऽयम् ॥१॥

मनोहरैश्चन्दनरागगौरै-
स्तुषारकुन्देन्दुनिभैश्च हारैः ।
विलासिनीनां स्तनशालिनीनां
नालंक्रियन्ते स्तनमण्डलानि ॥२॥

न बाहुयुग्मेषु विलासिनीनां
प्रयान्ति सङ्गं वलयाङ्गदानि ।
नितम्बबिम्बेषु नवं दुकूलं
तन्वंशुकं पीनपयोधरेषु ॥३॥

---

१. ऋतुसंहारम्—४।१-१३

काञ्चीगुणैः काञ्चनरत्नचित्रै-
र्नो भूषयन्ति प्रमदा नितम्बान् ।
न नूपुरैर्हंसरुतं भजद्भिः
पादाम्बुजान्यम्बुजकान्तिभाञ्जि ॥४॥

गात्राणि कालीयकचर्चितानि
सपत्रलेखानि मुखाम्बुजानि ।
शिरांसि कालागुरुधूपितानि
कुर्वन्ति नार्यः सुरतोत्सवाय ॥५॥

रतिश्रमक्षामविपाण्डुवक्त्राः
सम्प्राप्तहर्षाभ्युदयास्तरुण्यः ।
दशन्ति नोच्चैर्दशनाग्रभिन्नान्
प्रपीड्यमानानधरानवेक्ष्य ॥६॥

पीनस्तनोरः स्थलभागशोभा-
मासाद्य तत्पीडनजातखेदः ।
तृणाग्रलग्नैस्तुहिनैः पतद्भि-
राक्रन्दतीवोषसि शीतकालः ॥७॥

प्रभूतशालिप्रसवैश्चितानि
मृगाङ्गनायूथविभूषितानि ।
मनोहरक्रौञ्चनिनादितानि
सीमान्तराण्युत्सुकयन्ति चेतः ॥८॥

प्रफुल्लनीलोत्पलशोभितानि
सोन्मादकादम्बविभूषितानि ।
प्रसन्नतोयानि सुशीलतानि
सरांसि चेतांसि हरन्ति पुंसाम् ॥९॥

मार्गं समीक्ष्यातिनिरस्तनीरं
प्रवासखिन्नं पतिमुद्वहन्त्यः ।
प्रवेक्ष्यमाणा हरिणेक्षणाक्ष्यः
प्रबोधयन्तीव मनोरथानि ॥१०॥

पाकं व्रजन्ती हिमजालशीतै-
राधूयमाना सततं मरुद्भिः ।
प्रिये प्रियङ्गुः प्रियविप्रयुक्ता
विपाण्डुतां याति विलासिनीव ॥११॥

पुष्पासवामोदसुगन्धिवक्त्रो
निःश्वासवातः सुरभीकृताङ्गः ।
परस्पराङ्गव्यतिषङ्गशायी
शेते जनः कामरसानुविद्धः ॥१२॥

दन्तच्छदैः सव्रणदन्तचिह्नैः
स्तनैश्च पाण्यग्रकृताभिलेखैः ।
संसूच्यते निर्दयमङ्गनानां
रतोपभोगो नवयौवनानाम् ॥१३॥

—x—

(1)

O dear ! the *Hemanta* (dewy season) has set in, which is charming with crops and the appearance of new sprouts, in which the *lodhra* tree blossoms, the paddy ripens, the lotuses perish and the snow falls.

(2)

The round bosoms of women with attractive breasts are not (now) adorned by the beautiful pearl-strings which are white with the colour of sandal-paste and which look like snow, *kunda* flowers and the moon.

(3)

Bracelets (bangles) and armlets do not now come in contact with women's hands and arms, neither does the new silk cloth with their round hips, nor the fine cloth with their heavy breasts,

(4)

The damsels are not decorating their hips with golden waistlands set with gems; neither their lotus iike feet, having the beauty of lotuses, with anklets having a sound like that of swans,

(5)

For celebrating the festival of sexual union, ladies rub their limbs with sandal paste, decorate their lotus-like faces with leafy lives and perfume their heads with the incense of black *aguru*.

(6)

Their countenances very pale and weak due to the fetigue of sexual enjoyment, the young women who may have got gladsome prosperity are not laughing aloud, seeing that the lower lips pain, being wounded with the ends of teeth.

(7)

Having beheld the charm of the region of the bosom possessed of heavy breasts and being despaired at their having been squeezed, the cold season is weeping as it were in the down, by the falling dew sticking at the ends of the grass.

(8)

The numerous fields, being covered with profuse paddy, beautified with flocks of female deer and resonant with graceful *krauñca* birds are gladdening the minds of the people.

(9)

Rendered beautiful by full blown blue lotuses, adorned with maddened *kādamba* birds, having clear water and being very cool, the lakes are pilfering the hearts of men.

(10)

Having deer-like eyes, the beautiful wives of the travellers, looking at the dried path cherishing numerous desires are eagerly awaiting the arrival of their beloved husbands.

(11)

Becoming ripe and constantly being shaken by breezes, cooled by snow, the *priyaṅgu* creeper, O dear, is looking pale like a young lady separated from her lover.

(12)

Their mouths fragrant with the odour of floral liquor, their limbs scented by their breath-winds and overcome by the sentiment of love, people (couples) sleep embracing each other.

(13)

The merciless enjoyment in sexual union of youthful damsels is manifest by their lips marked with cuts of teeth and by their breasts bearing the scratches rendered by nails.

—x—

(१)

यह तुषार (बरफ, ओस) गिराती हुई हेमन्त ऋतु आ गई, जिसमें जौ, गेहूँ, चना आदि अन्नों के नवीन अङ्कुरों के निकल आने से सर्वत्र रमणीक दृश्य दिखाई दे रहा है। लोध्र के वृक्ष फूल गये हैं, धान पक गए हैं तथा कमल विलीन हो गए हैं।

(२)

इस हेमन्त ऋतु में उन्नत पयोधरों वाली विलासिनियाँ अपने स्थूल उन्नत उरोजों पर चन्दन-रञ्जित तथा तुषार, कुन्द पुष्प और चन्द्रमा के समान श्वेत मनोहर माला धारण नहीं करतीं हैं।

(३)

आजकल ये विलासवती कामिनियाँ न तो अपनी दोनों भुजाओं में कङ्कन एवं बाजूबन्द ही धारण करती हैं, न अपने स्थूल जघनस्थलों पर नवीन रेशमी परिधान ही धारण करती हैं और न अपने पीन पयोधरों पर महीन वस्त्र ही लपेटती हैं।

(४)

ये सुन्दरी रमणियाँ अपने जघनस्थलों को स्वर्णनिर्मित एवं रत्नजटित रशना (करधनी) से सुशोभित नहीं करती हैं और न अपने कमल के समान सुन्दर एवं कोमल चरणों को हंसों के समान मधुर ध्वनि करने वाले नूपुरों से अलङ्कृत करती हैं।

(५)

आजकल अपने प्रियतमों के साथ रतिक्रीडा की तैयारी में ये रमणियाँ अपने शरीर पर कालीयक का चूर्ण लगाती हैं, अपने मुखकमलों पर अनेक प्रकार की पत्ररचना बनाती हैं तथा अपनी केशराशि को काले अगुरु के धूप से सुवासित करती हैं।

(६)

रतिक्रीडा के खेद से पीले और कुम्हलाए हुए मुखों वाली रमणियाँ जोर से हँसने की बात पर भी खुलकर इसलिए नहीं हँसती की हँसने से उनके अधरों में लगे हुए दन्तक्षतों में पीड़ा का अनुभव होता है।

(७)

प्रातः के समय तृणों के ऊपर पड़ी हुई ओस की बूँदों को देख कर ऐसा प्रतीत होता है मानों रमणियों के उन्नत उरोजों को उनके वक्षस्थलों पर विराजमान देख कर आनन्दित होने वाला हेमन्त, बाद में उन्हें उनके प्रेमियों द्वारा मर्दित देखकर, दुःखित होकर क्रन्दन कर रहा है।

(८)

इस हेमन्त ऋतु में वे क्षितिज भाग चित्त को समुत्सुक बना रहे हैं जिनके खेतों में धानों की बालियाँ लहलहा रही हैं, हरिणियों के झुण्ड सुशोभित हो रहे हैं तथा जो मनोहर क्रौञ्च पक्षियों के कलरव से ध्वन्यमान हो रहे हैं।

(९)

इस हेमन्त ऋतु में वे जलाशय पुरुषों के चित्त को आकृष्ट कर लेते हैं जिनमें विकसित नीलकमल सुशोभित होते हैं, मतवाले कलहंस इधर उधर तैरते रहते हैं तथा शीतल निर्मल जल भरा रहता है।

(१०)

प्रोषितभर्तृका मृगाक्षी सुन्दरियाँ जब इस ऋतु में शुष्क मार्ग को देखती हैं तो प्रवास में गए हुए अपने दुःखी स्वामियों की प्रतीक्षा करती हुई इस प्रकार सोचती हैं कि जब हमारे प्रिय पति आयेंगे तब हम इस प्रकार से उनसे भेंट करेंगे, इस प्रकार से वार्तालाप करेंगे, इस प्रकार से मान करेंगे, आदि ।

(११)

हे प्रिय ! इस हेमन्त ऋतु में तुषार (बरफ) से युक्त पवन द्वारा कम्पित की जाती हुई, पकने वाली यह प्रियङ्गुलता उसी प्रकार से पाण्डु (पीले) वर्ण की हो गई है जिस प्रकार आजकल अपने प्रिय से वियुक्त कोई विलासिनी पीली पड़ जाती है ।

(१२)

सुमनों से बने हुए आसव की मधुर सुगन्धि से युक्त मुख वाले तथा श्वास की वायु से सुरभित अङ्ग वाले दम्पती (मिथुन) एक दूसरे के अङ्गों का गाढ़ आलिङ्गन करते हुए कामकेलिरस में लीन होते हुए शयन करते हैं ।

(१३)

इस हेमन्त ऋतु में प्रियतमों द्वारा जो नवयुवती रमणियों के ओष्ठों पर दन्तक्षत किए जाते हैं और उनके पयोधरों पर जो नखक्षत किए जाते हैं उनसे यह प्रतीत होता है कि प्रियतम अतिनिर्दयता से उनके साथ कामोपभोग करते हैं ।

—४—

११. हेमन्तश्रीः

छन्दः—उपजातिः

राग ललित | ताल एकताल

×		०		२		०		३		४	
ऩी	रे॒	—	ग	रे॒	—	स	—	ग	म	म॑	—
न	व	ऽ	प्र	वा	ऽ	लो	ऽ	द्ग	म	स	ऽ
म॑	म	ग	—	ग	—	म॑	ध	—	ध	रें॒	—
ऽ	स्य	र	ऽ	म्यः	ऽ	प्र	फु	ऽ	ल्ल	लो	ऽ
नी	—	म॑	म॑	ध	—	म॑	ध	म॑	म	म	—
ध्रः	ऽ	प	रि	प	ऽ	क्व	शा	ऽ	ऽ	लिः	ऽ
ग	ग	—	—	म॑	ध	—	सं	—	सं	संनी	रें॒
वि	ली	ऽ	ऽ	न	प	ऽ	द्म	ऽ	प्र	पऽ	त
रें॒	सं	रें॒	—	नी	—	सं	—	रें॒	—	सं	सं
ऽ	तु	षा	ऽ	रो	ऽ	हे	ऽ	म	ऽ	न्त	का
सं	रें॒	नी	ध	ध	म॑	म॑	ध	म॑	म	ग	—
ऽ	लः	ऽ	स	मु	पा	ऽ	ग	तो	ऽ	यम्	ऽ

×		०		२		०		३		४	
ग	ग	—	—	मं	ध	—	सं	—	सं	सं	संनी
म	नो	ऽ	ऽ	ह	रै	ऽ	श्च	ऽ	न्द	न	राऽ
रें	सं	नी	—	रें	—	गं	रें	—	सं	सं	रें
ऽ	ग	गौ	ऽ	रै	ऽ	स्तु	षा	ऽ	र	कु	ऽ
सं	—	—	सं	नी	ध	—	ध	मं	—	म	—
न्दे	ऽ	ऽ	न्दु	नि	भै	ऽ	श्च	हा	ऽ	रैः	ऽ
ग	ग	—	मं	ध	—	सं	—	सं	सं	रें	—
वि	ला	ऽ	सि	नी	ऽ	नां	ऽ	स्त	न	शा	ऽ
सं	सं	रें	—	सं	—	नी	—	रें	—	नी	ध
ऽ	लि	नी	ऽ	नां	ऽ	ना	ऽ	लं	ऽ	क्रि	य
ध	ध	—	मं	ध	मं	—	म	मं	म	ग	—
ऽ	न्ते	ऽ	स्त	न	म	ऽ	ण्ड	ला	ऽ	नि	ऽ

Direction : The third, fifth, seventh, ninth, eleventh and the thirteenth verse will be sung like the first verse and the remaining verses will be sung like the second verse.

Date of composition : 2.10.90

१२. हेमन्ततौं रतविलासः

राग वृन्दावनी सारङ्ग

१२. हेमन्ततौं रतविलासः[1]

काचिद्विभूषयति दर्पणसक्तहस्ता
बालातपेषु वनिता वदनारविन्दम् ।
दन्तच्छदं प्रियतमेन निपीतसारं
दन्ताग्रभिन्नमवकृष्य निरीक्षते च ॥१॥

अन्या प्रकामसुरतश्रमखिन्नदेहा
रात्रिप्रजागरविपाटलनेत्रपद्मा ।
स्रस्तांसदेशलुलिताकुलकेशपाशा
निद्रां प्रयाति मृदुसूर्यकराभितप्ता ॥२॥

---

१. ऋतुसंहारम् — ४/१४-१८

निर्माल्यदाम परिभुक्तमनोज्ञगन्धं

मूर्ध्नोऽपनीय घननीलशिरोरुहान्ताः ।

पीनोन्नतस्तनभरानतगात्रयष्टयः

कुर्वन्ति केशरचनामपरास्तरुण्यः ॥३॥

अन्या प्रियेण परिभुक्तमवेक्ष्य गात्रं

हर्षान्विता विरचिताधरचारुशोभा ।

कूर्पासकं परिदधाति नखक्षताङ्गी

व्यालम्बिनीलललितालककुञ्चिताक्षी ॥४॥

अन्याश्चिरं सुरतकेलिपरिश्रमेण

खेदं गताः प्रशिथिलीकृतगात्रयष्टयः ।

संहृष्यमाणपुलकोरुपयोधरान्ता

अभ्यञ्जनं विदधति प्रमदाः सुशोभाः ॥५॥

(1)

A certain women with a looking-glass in her hand is decorating her lotus-like face in the new beams of the morning Sun, and is pulling out and observing her lip whose essence has been sipped by her lover and which has been bitten by the ends of teeth.

(2)

Another lady, being heated by the mild rays of the sun, falls asleep, her body tired with the exhaustion of great sexual pleasure, her lotus-like eyes very much reddened by remaining awake at night and her abundant tresses scattered on her shoulders.

(3)

Other women with thick, black, long tresses and with their bodies stooping due to the weight of their plump and lofty breasts are removing from the head, the faded garlands whose sweet fragrance was enjoyed by them at night and arranging their hair again.

(4)

Another youthful damsel, delighted at seeing her body enjoyed by her lover, her limbs pierced by his nails, her eyes partly covered with her beautiful dark hair hanging down, wears brassier after restoring the charming beauty of her lower lip.

(5)

Other beautiful damsels, greatly worn out with the toil of playful sexual enjoyment, their slender bodies rendered quite languid and their thighs and breasts having the hair standing on end, are having a rubbing of their persons with sweet-scented oil and turmeric.

(१)

प्रभातकाल में कोई बाला हाथ में दर्पण लेकर हल्की धूप में बैठी हुई अपने मुखारविन्द को सज्जित कर रही है तथा अपने उन अधरोष्ठों को खींच खींच कर देख रही है जिनके रस का प्रियतम ने पान कर लिया है और जिन पर प्रियतम द्वारा बनाये गए दन्तक्षत दिखाई दे रहे है।

(२)

अत्यधिक सुरत-केलि के कारण अतिशय क्लान्त किसी रमणी की कमल-सदृश-आँखें रात भर जागते रहने के कारण लाल हो गई हैं, उसके केशपाश कन्धों पर बिखर रहे हैं और वह प्रभात-काल में सूरज की कोमल किरणों में धूप का सेवन करती हुई निद्रा-सुख ले रही है।

(३)

लम्बे, घने और काले केशपाश वाली जिन सुन्दरियों के शरीर पीन तथा उन्नत पयोधरों के कारण कुछ झुक गए हैं, वे अपने गले से उस मुरझाई हुई माला को उतार रही हैं जिसकी मनोमोहक सुरभि का सुख वे रात्रि में प्राप्त कर चुकी हैं और वे अपनी केशराशि को फिर से सँवार रही हैं।

(४)

नीचे लटकती हुई काली सुन्दर अलकों से जिसकी आँखें मुँद गई हैं ऐसी तथा नख-क्षतों से सुशोभित अङ्गों वाली कोई दूसरी रमणी अपने प्रियतम द्वारा परिमुक्त शरीर को देखकर परम आनन्दित होती हुई अपने ओठों को पहले की तरह सुन्दर बना कर अपनी चोली पहन रही है ।

(५)

जिनके कोमल और लचक वाले शरीर रतिक्रीड़ा के कारण शिथिल पड़ गए हैं, वे सुन्दरियाँ बहुत अधिक थक गई हैं, उनकी जङ्घाओं और पयोधरों पर रोमाञ्च हो गया है और वे अपने शरीर पर सुगन्धित तैल से मालिश करवा रही हैं ।

—×—

१२. हेमन्ततौं रतविलासः

छन्दः—वसन्ततिलका

राग वृन्दावनी सारङ्ग | ताल एकताल

×		०		२		०		३		४	
सं	—	सं	—	नी	सं	—	—	नी̱	प	म	रे
का	ऽ	चि	ऽ	द्वि	भू	ऽ	ऽ	ष	य	ति	द
रे	—	म	म	प	—	—	प	म	प	नी	सं
ऽ	ऽ	पं	ण	स	ऽ	ऽ	वत	ह	ऽ	स्ता	ऽ
सं	—	सं	—	नी	सं	—	—	म	प	नी̱	प
बा	ऽ	ला	ऽ	त	पे	ऽ	ऽ	षु	व	नि	ता
म	—	म	प	प‿नी̱	प‿म	रे	रे	—	—	स	स
ऽ	ऽ	व	द	ना‿ऽ	ऽ‿ऽ	र	वि	ऽ	ऽ	न्द	म्
नी़	—	स	—	रे	रे	स	—	नी़	स	रे	म
द	ऽ	न्त	ऽ	च्छ	दं	ऽ	ऽ	प्रि	य	त	मे
प	नी	सं	रें	मं	—	—	रें	सं	—	सं	—
ऽ	ऽ	न	नि	पी	ऽ	ऽ	त	सा	ऽ	रं	ऽ
नी	—	सं	—	रें	सं	—	सं	नी	सं	रें	—
द	ऽ	न्ता	ऽ	ग्र	भि	ऽ	न्न	म	व	क्र	ऽ
सं	नी	सं	—	—	सं	म‿प	नी‿सं	नी̱‿नी̱	प‿म	रे‿स	नी‿स
ध्य	नि	री	ऽ	ऽ	क्ष	ते‿ऽ	ऽ‿ऽ	च‿ऽ	ऽ‿ऽ	ऽ‿ऽ	ऽ‿ऽ

×		०		२		०		३		४	
म	—	—	प	—	—	नी̱	प	—	—	प	म
अ	ऽ	ऽ	न्या	ऽ	ऽ	प्र	का	ऽ	ऽ	म	सु
प	नी	—	नी	सं	सं	सं	सं	नी	—	सं	—
र	त	ऽ	श्र	म	खि	ऽ	न्न	दे	ऽ	हा	ऽ
नी̣	सं	रें	—	—	—	मं	रें	—	—	नी	नी
रा	ऽ	त्रि	ऽ	ऽ	ऽ	प्र	जा	ऽ	ऽ	ग	र
नी	सं	—	सं	प	नी	—	सं	रें	—	सं	—
वि	पा	ऽ	ट	ल	ने	ऽ	त्र	प	ऽ	ह्या	ऽ
नी	—	सं	—	नी	सं	—	सं	प	प	नी̱	—
स्त्र	ऽ	स्तां	ऽ	स	दे	ऽ	श	लु	लि	ता	ऽ
नी̱	नी̱	म	म	प	—	—	प	म	रे	स	—
ऽ	ऽ	कु	ल	के	ऽ	ऽ	श	पा	ऽ	शा	ऽ
नी̣	स	रे	—	—	—	स	रे	म	म	रे	म
नि	ऽ	द्रां	ऽ	ऽ	ऽ	प्र	या	ऽ	ति	मृ	दु
प	—	—	प	म	प	नी	नी	सं	—	सं	—
सू	ऽ	ऽ	यं	क	रा	ऽ	भि	त	ऽ	प्ता	ऽ

Direction : The third and the fifth verse will be sung like the first verse and the fourth verse will be sung like the second verse of this song.

Date of composition : 2.10.90

१३. क्रौञ्चनादोपगीतः हेमन्तः

राग भीमपलासी

१३. क्रौञ्चनादोपगीतः हेमन्तः[1]

बहुगुणरमणीयो योषितां चित्तहारी
परिणतबहुशालिव्याकुलग्रामसीमा ।
विनिपतिततुषारः क्रौञ्चनादोपगीतः
प्रदिशतु हिमयुक्तो वः सुखं काल एषः ॥१॥

———

May this dewy (winter) season, attractive by virtue of its various excellences the pilferer of women's hearts, wherein the village-fields are full of rich ripe paddies, wherein snow falls and which is resonant with the notes of *krauñca* birds, grant you happiness.

—o—

अपने अनेक उपकारी गुणों से मनोमोहक, रमणियों के चित्त को लुभाने वाला, पके हुए धानों से ग्रामों की सीमाओं की शोभा बढ़ाने वाला, जिसमें पाला गिरता हैं और क्रौञ्च पक्षी कल कूजन करते हैं, ऐसा हिमयुक्त हेमन्त ऋतु का काल आप लोगों के लिए सुखद हो ।

---

१. ऋतुसंहारम्—४/१९

१३. क्रौञ्चनादोपगीतः हेमन्तः

छन्दः—मालिनी

राग भीमपलासी | ताल एकताल

×		०		२		०		३		४	
नी॒	स	म	ग॒	रे	रे	रे	—	स	—	नी॒	—
ब	हु	गु	ण	र	म	णी	ऽ	यो	ऽ	यो	ऽ
स	म	—	—	—	ग॒	—	म	प	—	प	—
षि	तां	ऽ	ऽ	ऽ	चि	ऽ	त्त	हा	ऽ	री	ऽ
प	प	म	प	ग॒	म	प	—	नी॒	—	प	—
प	रि	ण	त	ब	हु	शा	ऽ	लि	ऽ	व्या	ऽ
नी॒	सं	—	—	—	नी॒	—	सं	मं	ग॒ं	रें	सं
कु	ल	ऽ	ऽ	ऽ	ग्रा	ऽ	म	सी	ऽ	मा	ऽ
सं	सं	नी॒	नी॒	ध	ध	प	—	—	प	—	—
वि	नि	प	ति	त	तु	षा	ऽ	ऽ	रः	ऽ	ऽ
ग॒	म	प	नी॒	सं	—	सं	सं	नी॒	सं	सं	—
क्रौ	ऽ	ञ्च	ना	ऽ	ऽ	दो	प	गी	ऽ	तः	ऽ
नी॒	सं	मं	ग॒ं	रें	रें	स	—	—	सं	—	—
प्र	दि	श	तु	हि	म	यु	ऽ	ऽ	वतो	ऽ	ऽ
प	नी॒	प	सं	—	सं	—	सं	नी॒ध	पम	ग॒रे	स–
वः	ऽ	सु	खं	ऽ	का	ऽ	ल	एऽ	ऽऽ	षःऽ	ऽऽ

Date of composition : 2.10.90

१४. शिशिरश्री:

राग यमन

१४. शिशिरश्रीः[1]

प्ररूढशालीक्षुचयावृतक्षिति
क्वचित् स्थितक्रौञ्चनिनादराजितम् ।
प्रकामकामं प्रमदाजनप्रियं
वरोरु कालं शिशिराह्वयं शृणु ॥१॥

निरुद्धवातायनमन्दिरोदरं
हुताशनो भानुमतो गभस्तयः ।
गुरूणि वासांस्यबलाः सयौवनाः
प्रयान्ति कालेऽत्र जनस्य सेव्यताम् ॥२॥

न चन्दनं चन्द्रमरीचिशीतलं
न हर्म्यपृष्ठं शरदिन्दुनिर्मलम् ।
न वायवः सान्द्रतुषारशीतला
जनस्य चित्तं रमयन्ति साम्प्रतम् ॥३॥

---

१. ऋतुसंहारम्—५/१-१०

तुषारसंघातनिपातशीतलाः

शशाङ्कभाभिः शिशिरीकृताः पुनः ।

विपाण्डुतारागणचारुभूषणा

जनस्य सेव्या न भवन्ति रात्रयः ॥४॥

गृहीतताम्बूलविलेपनस्रजः

पुष्पासवामोदितवक्त्रपङ्कजाः ।

प्रकामकालागुरुधूपवासितं

विशन्ति शय्यागृहमुत्सुकाः स्त्रियः ॥५॥

कृतापराधान् बहुशोऽभितर्जितान्

सवेपथून् साध्वसलुप्तचेतसः ।

निरीक्ष्य भर्तॄन् सुरताभिलाषिणः

स्त्रियोऽपराधान् समदा विसस्मरुः ॥६॥

प्रकामकामैर्युवभिः सुनिर्दयं

निशासु दीर्घास्वभिरामिताश्चिरम् ।

भ्रमन्ति मन्दं श्रमखेदितोरवः

क्षपावसाने नवयौवनाः स्त्रियः ॥७॥

मनोज्ञकूर्पासकपीडितस्तनाः
सरागकौषेयकभूषितोरवः ।
निवेशितान्तः कुसुमैः शिरोरुहै-
र्विभूषयन्तीव हिमागमं स्त्रियः ॥८॥

पयोधरैः कुङ्कुमरागपिञ्जरैः
सुखोपसेव्यैर्नवयौवनोष्मभिः ।
विलासिनीभिः परिपीडितोरसः
स्वपन्ति शीतं परिभूय कामिनः ॥९॥

सुगन्धिनिः श्वासविकम्पितोत्पलं
मनोहरं कामरतिप्रबोधकम् ।
निशासु हृष्टाः सह कामिभिः स्त्रियः
पिबन्ति मद्यं मदनीयमुत्तमम् ॥१०॥

—×—

(1)

O Beautiful-thighed one, listen to an account of the season called *Śiśira*, favourite of the ladies, in which the earth is covered with ripe paddy and sugar-candy, which is adorned with the sweet notes of *krauñca* birds, sitting at some places and in which the feeling of love is in high spirits.

(2)

In this season, the interior of the house with windows closed, fire the rays of the sun, thick garments and youthful ladies are the objects of enjoyment unto men.

(3)

Neither sandal-pastes cooled in the lunar beams, nor mansion-terraces radiant with the autumnal moon, nor breezes cooled by thick dew, do now gladden the mind of men.

(4)

In this season, people do not enjoy nights, cool with the thick fall of the dew and made still cooler by the beams of the moon and which are beautifully adorned by a number of pale stars.

(5)

Keeping (with them) betel-rolls, cosmetics (pastes) and garlands, their lotus-like faces fragrant with floral liquor, damsels full of longing are repairing to the bed-chambers which have been perfectly perfumed with the incense of *kālagura.*

(6)

Beholding their husbands, who had behaved wrongly and were variously scolded for their offences, trembling, their minds being agitated by fear, being still desirous of sexual enjoyments, women excited by passion for got their errors.

(7)

Long enjoyed mercilessly during the lengthy nights by their young lovers under the influence of strong passion, youthful damsels walk slowly in the morning, their thighs paining with the (sex-) fatigue.

(8)

With their breasts pressed by pretty brassieres, thighs adorned with coloured silken garments and tresses bedecked with flowers, the damsels are, as it were beautifying the winter season.

(9)

Lovers sleep, overcoming the cold, their chests being pressed by the damsels with their breasts which are reddened with saffron-dye and which, with the heat of fresh youth, are to be enjoyed with pleasure.

(10)

In winter nights, ladies filled with delight, drink in company with their lovers attractive, excellent, intoxicating wine which inflames the desire for sexual pleasure and the lotus-flowers in which are shaken by their sweet-odoured breath.

—×—

(१)

हे सुन्दर ऊरुप्रदेश वाली प्रिये ! जिसमें पके हुए धान एवम् इक्षुओं से खेत बहुत मनोरम लगते हैं, जिसमें कहीं कहीं वृक्षों की छाया में बैठे हुए क्रौञ्च पक्षियों का मधुर कलरव सुनाई दे जाता है, ऐसी रमणियों की प्रिय शरद् ऋतु कामभाव को बढ़ाती हुई आ गई है, सुनो तो !

(२)

इस ऋतु में लोग अपने अपने गृहों में वातायनादि (खिड़कियाँ, झरोखे आदि) बन्द करके, आग ताप कर, धूप में बैठ कर, मोटे मोटे कपड़े धारण कर तथा युवती रमणियों का आलिङ्गनादि करके अपना समय बिताते हैं।

(३)

इस ऋतु में चन्द्रमा की किरणों से शीतल किया हुआ चन्दन, शरच्चन्द्र से धवलित छतें, सघन ओस से अत्यन्त शीतल पवन लोगों के चित्तों को आनन्दित नहीं करते।

(४)

इस शरद् ऋतु में बरफ के गिरने से अत्यधिक शीतलता देने वाली, चन्द्र-रश्मियों से और भी अधिक शीतल बनी हुई तथा पीले पीले तारों से युक्त रातें लोगों के लिए हर्षदायिनी नहीं होतीं हैं (अर्थात् आजकल लोग रात में अधिक देर तक घर से बाहर नहीं घूमते हैं)।

(५)

फूलों से बने हुए आसव के पान से जिनके मुख सुरभित हो जाते हैं ऐसी रमणियाँ आजकल ताम्बूल (पान) का सेवन कर, चन्दनादि का लेप लगा कर तथा मालाएं धारण कर, काले अगुरु के धूप से अतिशय सुवासित अपने शयनागारों में महती उत्कण्ठा के साथ जा रही हैं।

(६)

कामवती जिन रमणियों ने अपने स्वामियों को अपराध करने पर अनेकशः तर्जित किया था, वे ही जब कम्पन के साथ, भय से मन्द चेतना वाले होकर उनके पास सुरत-सुख की कामना से आते हैं, तो उनको देखते ही वे उनके सब अपराध भूल जाती हैं।

(७)

जो नवयुवतियाँ अपने युवा प्रियतमों के साथ इस शिशिर ऋतु की सुदीर्घ रात्रियों में जी भर कर निर्दयतापूर्वक सम्भोग-सुख प्राप्त कर चुकी हैं, वे ही रमणियाँ रात्रि से सुरत-खेद से दुखती जङ्घाओं के कारण प्रातः होने पर अतिशय मन्दगति से चल रही हैं।

(८)

मनोहारिणी चोलियों से अपने पयोधरों को कस कर आवृत्त किए हुए, अपने ऊरुओं पर रंगीन रेशमी परिधान पहने हुए, अपने केशापाशों में बीच बीच में पुष्पों को गूँथे हुए सुन्दरियाँ मानों शिशिर ऋतु को सुशोभित कर रही हैं।

(९)

इस शिशिर ऋतु में कामीजन सुख के साथ सेवन करने योग्य तथा कुङ्कुमराग के पिञ्जरित पयोधरों वाली एवं नवीन युवावस्था से विह्वल कामिनियों का गाढ़ आलिङ्गन करते हुए अपनी शीतलता दूर करते हुए सुखपूर्वक शयन करते हैं।

(१०)

सुन्दरी रमणियाँ, इस शिशिर ऋतु में अत्यधिक आनन्द से युक्त हो, रात्रि के समय अपने प्रियतमों के साथ उत्तम, मद-दायिनी, कामरति को बढ़ाने वाली तथा सुस्वादु मदिरा का पान करती हैं जिसमें पड़े हुए कमल उनकी सुरभित साँसों से सतत हिलते रहते हैं।

—×—

१४. शिशिरश्रीः

छन्दः—वंशस्थम्

राग यमन — ताल एकताल

×		०		२		०		३		४	
नी़	रे	—	रे	ग	—	ग	—	नी़	रे	ग	—
प्र	रू	ऽ	ढ	शा	ऽ	ली	ऽ	क्षु	च	या	ऽ
रे	ग	—	म॑	प	—	म॑	ध	—	नी	ध	प
वृ	त	ऽ	क्षि	तिं	ऽ	क्व	चि	ऽ	त्स्थि	त	ऽ
रे	—	ग	नी़	रे	—	रे	ग	—	प	रे	स
क्रौ	ऽ	ञ्च	नि	ना	ऽ	द	रा	ऽ	जि	तम्	ऽ
नी़	रे	—	रे	ग	—	ग	—	म॑	ग	म॑	—
प्र	का	ऽ	म	का	ऽ	मं	ऽ	प्र	म	दा	ऽ
ध	नी	—	ध	नी	—	ध	नी	—	रें	सं	—
ज	न	ऽ	प्रि	यं	ऽ	व	रो	ऽ	रु	का	ऽ
सं	—	नी	ध	प	—	रे	ग	—	रे	स	—
लं	ऽ	शि	शि	रा	ऽ	ढ	यं	ऽ	श्रृ	णु	ऽ

×		०		२		०		३		४	
मं	ग	—	मं	ध	—	ध	—	मं	ध	नी	—
नि	रु	ऽ	द्ध	वा	ऽ	ता	ऽ	य	न	म	ऽ
नी	ध	—	नी	रें	—	रें	सं	—	नी	ध	—
न्दि	रो	ऽ	द	रं	ऽ	हु	ता	ऽ	श	नो	ऽ
नी	—	ध	प	प	—	रे	ग	—	रे	स	—
भा	ऽ	नु	म	तो	ऽ	ग	भ	ऽ	स्त	यः	ऽ
नी̣	रे	—	रे	ग	—	ग	—	रे	ग	मं	—
गु	रू	ऽ	णि	वा	ऽ	सां	ऽ	स्य	ब	लाः	ऽ
मं	ग	मं	ध	ध	—	मं	ध	—	ध	नी	—
स	यौ	ऽ	व	नाः	ऽ	प्र	या	ऽ	न्ति	क्ता	ऽ
नी	—	ध	नी	रें	—	सं	नीरें	संनी	धप	मंग	रेस
ले	ऽ	त्र	ज	न	ऽ	स्य	सेऽ	ऽऽ	व्यऽ	ताम्	ऽऽ

Direction : The third, fifth, seventh & the ninth verse will be sung like the first verse and the remaining verses like the second verse of this song.

Date of composition : 2.10.90

१५. शिशिरर्तौ परिभोगश्रीः

राग रामकली

१५. शिशिरर्तौ परिभोगश्री:[1]

अपगतमदरागा योषिदेका प्रभाते
कृतनिबिडकुचाग्रा पत्युरालिङ्गनेन ।
प्रियतमपरिभुक्तं वीक्षमाणा स्वदेहं
व्रजति शयनवासाद् वासमन्यं हसन्ती ॥१॥

अगुरुसुरभिधूपामोदितं केशपाशं
गलितकुसुममालं कुञ्चिताग्रं वहन्ती ।
त्यजति गुरुनितम्बा निम्ननाभिः सुमध्या
उषसि शयनमन्या कामिनी चारुशोभा ॥२॥

कनककमलकान्तैश्चारुताम्राधरोष्ठैः
श्रवणतटनिषक्तैः पाटलोपान्तनेत्रैः ।
उषसि वदनबिम्बैरंससंसक्तकेशैः
श्रिय इव गृहमध्ये संस्थिता योषितोऽद्य ॥३॥

---

१. ऋतुसंहारम्—५/११-१६

पृथुजघनभरार्त्ता किञ्चिदानम्रमध्याः
स्तनभरपरिखेदान्मन्दमन्दं वदन्त्यः ।
सुरतसमयवेशं नैशमाशु प्रहाय
दधति दिवसयोग्यं वेशमन्यास्तरुण्यः ॥४॥

नखपदचितभागान् वीक्षमाणाः स्तनान्ता-
नधरकिसलयाग्रं दन्तभिन्नं स्पृशन्त्यः ।
अभिमतरतवेशं नन्दयन्त्यस्तरुण्यः
सवितुरुदयकाले भूषयन्त्याननानि ॥५॥

प्रचुरगुडविकारः स्वादुशालीक्षुरम्यः
प्रबलसुरतकेलिर्जातकन्दर्पदर्पः ।
प्रियजनरहितानां चित्तसन्तापहेतुः
शिशिरसमय एष श्रेयसे वोऽस्तु नित्यम् ॥६॥

—×—

(1)

In the morning, some woman, her intoxicated passion gone, with tops of her breasts being pressed down by the embrace of her dearest, leaves laughingly her bed-chamber for another room, seeing her own person enjoyed by her lover.

(2)

Another woman of heavy hips, deep naval, slender waist and charming beauty, is leaving in the morning her bed-chamber, having her abundant tresses, curled at ends, scented with fragrant smoke of *aguru* and with out flower-garlands.

(3)

Today in the morning, ladies are appearing like *Lakṣmi* in the house with their round faces charming like golden lotuses, with their graceful red lower-lips, with their eyes, red at the corners, extending up to the sides of the ears and with their tresses hanging on their shoulders.

(4)

Other young women, pained with the weight of their plump hips, with the waist slightly bent a little and going very slowly due to the fatigue of the burden of their heavy breasts; quickly casting off the attire worn at night at the time of the sexual sport, are putting on another fit to be worn during the day.

(5)

Looking at thc regions of breasts whose space is covered with nail-marks and touching the surface of the lower-lip which is pierced by teeth (by the lovers) and which is delicate like a young sprout, young women, gladdened at their fovourite dress suited for sexual sports, are decorating their faces in the morning.

(6)

May this winter season always conduce to your well-being, in which sugar-confections are in abundance, which is charming with sweet rice and sugar-cane, in which desire for sexual sports increases, in which Cupid becomes intense and which is the cause of heartache to those who are separated from their lovers.

——×——

(१)

प्रभातकाल हो जाने पर एक रमणी प्रियतम द्वारा उपभुक्त अपने शरीर को देखती हुई अपने शयन-कक्ष से दूसरे कक्ष में हँसती हुई जा रही है। इस समय उसके मुख पर मदिरा की लाली नहीं रह गई है और रात भर पति के गाढ़ आलिङ्गन से उसके कुचाग्र भी बहुत कठोर हो गए हैं।

(२)

एक दूसरी स्थूल जघनस्थल वाली कामिनी, जिसकी नाभि गहरी है, कमर लचकदार और पतली है, जिसकी शोभा मन को बलात् आकृष्ट कर लेती है, अगुरु के धूप से सुवासित अपनी मालारहित घुँघराली अलकों को थामे हुए, प्रातः अपने शयन को छोड़ रही है।

(३)

इस शिशिरकाल में प्रातः के समय रमणियों के सुन्दर लाल लाल अधरोष्ठों से युक्त, रक्तिम कोरों से भव्य दिखाई पड़ने वाले तथा कर्णपर्यन्त विशाल नेत्रों से आकर्षक, कन्धे पर बिखरे हुए केशपाशों से सुशोभित और सुवर्ण-कमल के समान देदीप्यमान गोलाकार मुखमण्डलों को देख कर ऐसा प्रतीत होता है मानों प्रत्येक घर में लक्ष्मी का निवास हो गया है।

(४)

अपने स्थूल जघनस्थलों के भार से पीड़ित, पृथु पयोधरों के भार से कुछ नीचे की ओर झुकी हुई कमर वाली एवं थकान से बहुत धीमी गति से चलने वाली अनेक रमणियाँ रात्रि के सुरतकालीन परिधान को त्याग कर दिवस में पहनने योग्य वस्त्रों को धारण कर रही हैं।

(५)

कुछ कामिनियाँ सूर्योदय के समय प्रियतम-प्रदत्त नख-क्षतों से युक्त अपने पयोधरों को देखती हुई, दन्तक्षत-युक्त एवं कपोल के समान कोमल अपने अधरों का स्पर्श करती हुई और अपने मनोवाञ्छित सुरत-परिधान पर आनन्दित होती हुई अपने मुखों को अलङ्कृत कर रही हैं।

(६)

जिसमें गुड़ एवं राब (तथा चीनी) तथा इनसे बनी मिठाइयाँ अधिक प्राप्त होती हैं, सुस्वादु शालि धान तथा ईख से जो रमणीय है, जिसमें सुरतक्रीड़ा की इच्छा बहुत अधिक बढ़ जाती है, जिसमें कामदेव को भी गर्व हो जाता है और अपने प्रियजनों से विरहित लोगों को जिसमें अत्यधिक सन्ताप मिलता है, ऐसी शिशिर ऋतु आप लोगों के लिए कल्याणप्रद हो।

———

१५. शिशिरर्तौ परिभोगश्रीः

छन्दः—मालिनी

राग रामकली | ताल एकताल

×		०		२		०		३		४	
ग	म	नी̱	ध	प	प	म॑	—	प	—	—	—
अ	प	ग	त	म	द	रा	—	गा	ऽ	ऽ	ऽ
ध̱	—	म	प	—	ध̱	—	प	म	—	ग	—
यो	ऽ	षि	द्दे	ऽ	का	ऽ	प्र	भा	ऽ	ते	ऽ
ग	ग	म	रे̱	ग	म	प	—	ग	—	—	म
कृ	त	नि	बि	ड	कु	चा	ऽ	ग्रा	ऽ	ऽ	ऽ
रे̱	—	रे̱	स	—	नी़	स̱	ग	म	प	ध̱	नी
प	ऽ	त्यु	रा	ऽ	लि	ऽ	ङ्ग	ने	ऽ	न	ऽ
सं	नी	ध̱	नी̱	ध̱	प	म	—	—	ग	—	—
प्रि	य	त	म	प	रि	भु	ऽ	ऽ	वर्तं	ऽ	ऽ
प	—	म॑	प	—	ध̱	—	नी̱	ध̱	—	प	—
वी	ऽ	क्ष	मा	ऽ	णा	ऽ	स्व	द्दे	ऽ	हं	ऽ
सं	नी	सं	सं	ध̱	नी̱	ध̱	—	—	प	—	—
व्र	ज	ति	श	य	न	वा	ऽ	ऽ	सा	ऽ	ऽ
म॑	प	ध	नी̱	ध	प	ग	म	रे	—	स	—
द्वा	ऽ	स	म	ऽ	न्यं	ऽ	ह	स	ऽ	न्ती	ऽ

×		०		२		०		३		४	
प	प	प	प	ध॒	ध॒	नी	—	सं	—	सं	—
अ	गु	रु	सु	र	भि	धू	ऽ	पा	ऽ	मो	ऽ
नी	सं	—	—	ध॒	—	—	नी	सं	—	सं	—
दि	तं	ऽ	ऽ	के	ऽ	ऽ	श	पा	ऽ	शं	ऽ
ध॒	ध॒	ध॒	ध॒	नी	नी	सं	—	रें॒	—	सं	—
ग	लि	त	कु	सु	म	मा	ऽ	लं	ऽ	ऽ	ऽ
ध॒	—	नी॒	ध॒	—	प	—	ग	मग	रे	स	—
कु	ऽ	ञ्चि	ता	ऽ	ग्रं	ऽ	व	हुऽ	ऽ	न्ती	ऽ
नी	नी	नी	सं	सं	सं	नी	—	—	सं	—	—
त्य	ज	ति	गु	रु	नि	त	ऽ	ऽ	म्बा	ऽ	ऽ
रें॒	—	रें॒	सं	—	सं	—	सं	ध॒	नी॒	ध॒	प
नि	ऽ	म्न	ना	ऽ	भिः	ऽ	सु	म	ऽ	ध्या	ऽ
सं	नी	ध॒	नी॒	ध॒	प	म	—	ग	—	नी॒	स
उ	ष	सि	श	य	न	म	ऽ	न्या	ऽ	का	ऽ
ग	म	प	ध॒	नी	सं	रें	सं	ध॒	नी॒	धप	म
मि	नी	ऽ	चा	ऽ	रु	शो	ऽ	भा	ऽ	ऽऽ	ऽ

Direction : The third and the fifth verse should be sung like the first verse and the remaining verses should be sung like the second verse of this song.

Date of composition : 3.10.90

१६. वसन्तश्रीः

राग वसन्त

१६. वसन्तश्रीः[1]

प्रफुल्लचूताङ्कुरतीक्ष्णसायको
द्विरेफमालाविलसद्धनुर्गुणः ।
मनांसि भेत्तुं सुरतप्रसङ्गिनां
वसन्तयोद्धा समुपागतः प्रिये ॥१॥

द्रुमाः सपुष्पाः सलिलं सपद्मं
स्त्रियः सकामाः पवनः सुगन्धिः ।
सुखाः प्रदोषा दिवसाश्च रम्याः
सर्वं प्रिये चारुतरं वसन्ते ॥२॥

ईषत्तुषारैः कृतशीतहर्म्यैः
सुवासितं चारु शिरश्च चम्पकैः ।
कुर्वन्ति नार्योऽपि वसन्तकाले
स्तनं सहारं कुसुमैर्मनोहरैः ॥३॥

---

१. ऋतुसंहारम्—६।१-१०

वापीजलानां मणिमेखलानां
शशाङ्कभासां प्रमदाजनानाम् ।
चूतद्रुमाणां कुसुमान्वितानां
ददाति सौभाग्यमयं वसन्तः ॥४॥

कुसुम्भरागारुणितैर्दुकूलै-
र्नितम्बबिम्बानि विलासिनीनाम् ।
तन्वंशुकैः कुङ्कुमरागगौरै-
रलङ्क्रियन्ते स्तनमण्डलानि ॥५॥

कर्णेषु योग्यं नवकर्णिकारं
चलेषु नीलेष्वलकेष्वशोकम् ।
पुष्पं च फुल्लं नवमल्लिकायाः
प्रयान्ति कान्तिं प्रमदाजनानाम् ॥६॥

स्तनेषु हाराः सितचन्दनार्द्रा
भुजेषु सङ्गं वलयाङ्गदानि ।
प्रयान्त्यनङ्गातुरमानसानां
नितम्बिनीनां जघनेषु काञ्च्यः ॥७॥

सपत्रलेखेषु विलासिनीनां
वक्त्रेषु हेमाम्बुरुहोपमेषु ।
रत्नान्तरे मौक्तिकसङ्गरम्यः
स्वेदागमो विस्तरतामुपैति ॥८॥

उच्छ्वासयन्त्यः श्लथबन्धनानि
गात्राणि कन्दर्पसमाकुलानि ।
समीपवर्त्तिष्वधुना प्रियेषु
समुत्सुका एव भवन्ति नार्यः ॥९॥

तनूनि पाण्डूनि मदालसानि
मुहुर्मुहुर्जृम्भणतत्पराणि ।
अङ्गान्यनङ्गः प्रमदाजनस्य
करोति लावण्यससम्भ्रमाणि ॥१०॥

—×—

(1)

O dear, the warrior spring (season) has approached with the young mango-blossoms for its sharp arrows and with the row of black bees as its radiant bow-string, to pierce the hearts of those addicted to sexual pleasures.

(2)

O dear, everything is attaining added beauty in spring season : trees are covered with flowers, lakes are full of lotuses, ladies are anxious for enjoyments, breezes are blowing fragrant, evenings are pleasant and the days are full of delight.

(3)

In mansions rendered slightly cool with snow, ladies, also, in the spring season perfume their beautiful tresses with *campaka* blossoms and wear on their breasts, garlands made of lovely flowers.

(4)

This spring season lends additional charm to the waters of the lakes, to jewelled girdle-strings, to moon-light, to women and to mango trees bent with blossoms.

(5)

The round hips of amorous women are embellished with silken garments reddened by the colour of *kusumbha* and their round breasts with thin garments reddened by the colour of *kuṅkuma* (saffron).

(6)

The amorous ladies put on befitting new *karṇikāra* blossoms in their ears and decorate their black curly tresses with *aśoka* flowers and the opened buds of *navamallikā*.

(7)

Ladies whose hearts are zealant with passion put on pearl-neclaces wet with white sandal-paste on their breasts, bracelets and armlets on their hands and arms and girdle-strings on their heavy round hips.

(8)

On ladies' faces having leafy adornments and resembling golden lotuses, the drops of perspiration are appearing spread and beautiful like the setting of pearls amidst gems.

(9)

Loosening still more before their lovers the garments on their limbs, distressed by Love, whose knots had become untied, ladies are now becoming very much full of sexual derire.

(10)

Cupid makes the limbs of ladies thin, pale, languished with passion, given to stretching again and again and flurried with charm.

—×—

(१)

हे प्रिये, प्रफुल्लित आम की मञ्जरियों के तीखे बाण वाला और अपने धनुष पर भौरों की पंक्तियों की प्रत्यञ्चा चढ़ा कर यह वसन्त ऋतु रूपी वीर योद्धा विलासी रसिकों का हृदय-भेदन करने के लिए आ पहुँचा है।

(२)

हे प्रिये, इस वसन्त ऋतु में सभी पेड़ फूलों से भरे हुए हैं, जल में कमल खिले हुए हैं, रमणियाँ कामपीड़ित हो गई हैं, पवन सुरभि से युक्त है, सन्ध्या का समय सुखद है और दिवस भी रमणीय होते हैं। सचमुच इस ऋतु में सब कुछ और अधिक सुन्दर प्रतीत होता है।

(३)

इस वसन्त ऋतु में कुछ कुछ शीत पड़ने के कारण प्रासाद शीतल रहते हैं, सुन्दरियाँ अपने सुन्दर केशपाशों को चम्पक के पुष्पों से सुवासित करती हैं। इस ऋतु में रमणियाँ अपने पयोधरों पर मनोहर पुष्पों से बने हुए हार धारण करती हैं।

(४)

इस वसन्त-काल के आ जाने पर दीर्घिकाओं के जल, सुन्दरी रमणियों की मणिजटित काञ्चियाँ, चन्द्रमा की चन्द्रिका, विलासिनियाँ तथा मञ्जरियों से लदी हुई आम की डालें—इन सबकी शोभा और अधिक बढ़ जाती है।

(५)

इस वसन्त ऋतु में विलासिनी स्त्रियाँ अपने जघनस्थलों पर कुसुम्भ के लाल पुष्पों से रँगी रेशमी शाटिकाएँ पहनती हैं तथा अपने पयोधरों पर केसर में रँगे हुए सूक्ष्म-वस्त्र-निर्मित कूर्पासक (चोलियाँ) धारण करती हैं।

(६)

इस ऋतु में रमणियों के कानों में नवीन कर्णिकार के फूल तथा घुँघराले काले केशपाशों में अशोक पुष्प एवं नवमल्लिका (चमेली) की खिली हुई कलियाँ अत्यधिक सुन्दर लगती हैं।

(७)

कामातुर नितम्बिनी रमणियों के पयोधरों पर श्वेत चन्दन से आर्द्र मौक्तिक-हार, कलाइयों में कङ्गन, भुजाओं में भुजबन्ध तथा जघनस्थलों पर मेखलाएं सुशोभित होती हैं।

(८)

इस वसन्त ऋतु में सुवर्ण कमल के समान मनोरम एवं पत्र-रचना से युक्त विलासवती रमणियों के मुखों पर व्याप्त स्वेद-कण ऐसे परिलक्षित होते हैं मानों अनेक प्रकार के रत्नों के बीच बीच में मोती गूँथ दिए गए हों।

(९)

आजकल अपने प्रियतमों के निकट रहने पर भी प्रमदाएँ लम्बी साँसें खींचती हुई, वस्त्रों के बन्धन ढ़ीले हो जाने के कारण अपने अनङ्ग-पीड़ित अङ्गों को उघाड़ कर दिखाती हुई अत्यन्त समुत्कण्ठित हो जाती हैं।

(१०)

इस वसन्त ऋतु में मदन रमणियों को इतना अधिक काम-सन्तप्त कर देता है कि उनका शरीर अत्यधिक क्षीण हो जाता है, पीला पड़ जाता है, वे मद से आलस्ययुक्त हुई बार बार जँभाई लेती हैं और फिर भी उनके सम्पूर्ण अङ्ग एक विशिष्ट लावण्य से सहसा भर जाते हैं।

—×—

१६. वसन्तश्रीः

छन्दः—वंशस्थम्, उपजातिः एवम् उपेन्द्रवज्रा

राग वसन्त ताल एकताल

×		०		२		०		३		४	
नी	सं	—	नी	रें॒	—	नी	ध॒	प	प	मं	—
प्र	फु	ऽ	ल्ल	चू	ऽ	ता	ऽ	ङ्कु	र	ती	ऽ
ध॒	नी	—	ध॒	प	—	मं	ग	—	मं	ग	रे॒
क्षण	सा	ऽ	य	को	ऽ	द्वि	रे	ऽ	फ	मा	ऽ
स	—	ऩी	स	म	—	मं	म	ग	ग	रे॒	स
ला	ऽ	वि	ल	स	ऽ	द्ध	नु	ऽ	गुं	णः	ऽ
मं	ध॒	—	नी	रें॒	—	नी	—	ध॒	ध॒	प	—
म	नां	ऽ	सि	भे	ऽ	सुं	ऽ	सु	र	त	ऽ
मं	ग	—	मं	(गरे॒)	स	मं	ग	मं	ग	मं	ध
प्र	स	ऽ	ङ्गि	(नांऽ)	ऽ	व	स	ऽ	न्त	यो	ऽ
रें॒	सं	रें॒	नी	ध॒	प	मं	ग	—	मं	(गरे॒)	स
द्वा	ऽ	स	मु	पा	ऽ	ग	तः	ऽ	प्रि	(येऽ)	ऽ

×		०		२		०		३		४	
मं	ग	—	मं	ध॒	—	सं	—	सं	रें॒	सं	—
द्रु	मा	ऽ	स	पु	ऽ	ष्पाः	ऽ	स	लि	लं	ऽ
सं	नी	नी	—	रें॒	—	सं	नी	—	सं	नी	—
स	प	ऽ	ऽ	द्मं	ऽ	स्त्रि	यः	ऽ	स	का	ऽ
ध॒	—	ध॒	नी	रें॒	गं	मं	गं	—	रें॒	—	सं
माः	ऽ	प	व	नः	ऽ	सु	ग	ऽ	न्धिः	ऽ	ऽ
सं	सं	रें॒	—	सं	सं	—	नी	—	ध	ध॒	रें॒
सु	खाः	ऽ	ऽ	प्र	दो	ऽ	षा	ऽ	दि	व	सा
रें॒	नी	ध॒	—	प	—	नी	—	ध॒	—	ध॒	प
ऽ	श्च	र	ऽ	म्याः	ऽ	स	ऽ	वं	ऽ	प्रि	ये
प	मं	—	ग	मं	ग	—	मं	ग	रे॒	स	—
ऽ	चा	ऽ	रु	त	रं	ऽ	व	स	ऽ	न्ते	ऽ

Direction : The third, fifth, seventh and the ninth verse should be sung like the first verse and the remaining verses should be sung like the second verse of this song.

Date of composition : 30.9.90

१७. वसन्ततौं कामविलासः

राग बहार

१७. वसन्ततौं कामविलासः[1]

छायां जनः समभिवाञ्छति पादपानां
नक्तं तथेच्छति पुनः किरणं सुधांशोः ।
हर्म्यं प्रयाति शयितुं सुखशीतलं च
कान्तां च गाढमुपगूहति शीतलत्वात् ॥१॥

नेत्रेषु लोलो मदिरालसेषु
गण्डेषु पाण्डुः कठिनः स्तनेषु ।
मध्येषु निम्नो जघनेषु पीनः
स्त्रीणामनङ्गो बहुधा स्थितोऽद्य ॥२॥

अङ्गानि निद्रालसविभ्रमाणि
वाक्यानि किञ्चिन्मदिरालसानि ।
भ्रूक्षेपजिह्मानि च वीक्षितानि
चकार कामः प्रमदाजनानाम् ॥३॥

प्रियङ्गु-कालीयक-कुङ्कुमाक्तं
स्तनेषु गौरेषु विलासिनीभिः ।
आलिप्यते चन्दनमङ्गनाभि-
र्मदालसाभिर्मृगनाभियुक्तम् ॥४॥

---

१. ऋतुसंहारम्—६/११-१८

गुरूणि वासांसि विहाय तूर्णं
तनूनि लाक्षारसरञ्जितानि ।
सुगन्धिकालागुरुधूपितानि
धत्ते जनः काममदालसाङ्गः ॥५॥

पुंस्कोकिलश्चूतरसासवेन
मत्तः प्रियां चुम्बति रागहृष्टः ।
कूजन् द्विरेफोऽप्ययमम्बुजस्थः
प्रियं प्रियायाः प्रकरोति चाटु ॥६॥

ताम्रप्रवालस्तबकावनम्रा-
श्चूतद्रुमाः पुष्पितचारुशाखाः ।
कुर्वन्ति कामं पवनावधूताः
पर्युत्सुकं मानसमङ्गनानाम् ॥७॥

आमूलतो विद्रुमरागताम्रं
सपल्लवाः पुष्पचयं दधानाः ।
कुर्वन्त्यशोकाः हृदयं सशोकं
निरीक्ष्यमाणा नवयौवनानाम् ॥८॥

—×—

(1)

In spring season, during the day-time, people desire for the shade of trees and at night again for the beams of the moon; they go to the pleasantly cool mansion-tops to sleep and embrace closely their beloveds due to its coolness.

(2)

Today, Cupid is living in many forms on the persons of ladies—in fickleness of their eyes, languid with wine; in paleness of their cheecks; in hardness of their breasts; in the depth of their waists (or navals) and in plumpness of their hips.

(3)

Cupid has rendered damsels' limbs sleepily indolent in their activities, words slightly faltered due to drinking of wine and glances crooked on account of the elevation of their eye-brows.

(4)

Amorous damsels, exhausted with intoxication, are rubbing over their white bosoms sandle-paste mixed with *priyaṅgu*, *kālīyaka* (black *aguru*), *kuṅkuma* (saffron) and *mṛganābhi* (musk).

(5)

Casting off their heavy garments (of winter season), men and women, their limbs languid through the intoxication of love, are putting on thin ones dyed with lac-resin and perfumed with the incense of scented black *aguru*.

(6)

The male cuckoo, maddened with the liquor of the juice of mango-blossoms is kissing with ardent love and joy his mate; this sweetly humming black bee, intent on sipping the honey of the lotus, too, is performing agreeable acts for his beloved and thus enlivening her.

(7)

The mango-trees, bent with the clusters of reddish sprouts, with their branches adorned with blossoms (*mañjaris*) and appearing beautiful, being shaken by breezes, kindle passionate desires in damsels' hearts.

(8)

The '*aśoka*' trees, putting forth sprouts and bearing from the root (upwards) innumerable blossoms, red like the colour of coral, make, when watched, the hearts of youthful damsels '*saśoka*' (sorrowful).

———

(१)

इस वसन्त ऋतु में लोग दिन के समय तो पेड़ों की शीतल छाया में रहना चाहते हैं तथा रात्रि में चन्द्रमा की शीतल किरणों का आनन्द प्राप्त करना चाहते हैं। रात्रि में शयन के लिए भवनों की सुखप्रदात्री शीतल छतों का आश्रय लेते हैं तथा थोड़ी ठण्डक पड़ते रहने के कारण अपनी प्रियतमाओं का गाढ़ आलिङ्गन किये रहते हैं।

(२)

इस वसन्त ऋतु में कामदेव विलासिनियों के मदमाते नेत्रों में चञ्चलता, कपोलों में पाण्डुता (पीलापन), पयोधरों में कठिनता, कटिभाग में नम्रता एवं जघनस्थल में स्थूलता बनकर—अनेक रूप धारण करके निवास करता है।

(३)

आजकल कामदेव ने रमणियों के अङ्गों को निद्रा एवम् आलस्य से परिपूर्ण कर दिया है। मदिरापान से कुछ कुछ मदमाती सी होकर वे कठिनाई से बोल पाती हैं तथा भौहों को टेढ़ी करके वे कटाक्ष के साथ देखती हैं।

(४)

मद से अलसाई हुई विलासिनी कामिनियाँ आजकल प्रियङ्गु, कालीयक, केसर तथा मृगनाभि (कस्तूरी) से मिश्रित चन्दन का लेप अपने गौर-वर्ण वाले पयोधरों पर लगाती हैं।

(५)

आजकल कामदेव के मद से अलसाये हुए लोग (नर तथा नारी) अपने शिशिर ऋतु के मोटे मोटे कपड़ों को त्याग कर लाक्षा के रङ्ग से रञ्जित तथा काले अगुरु के सगन्धित धूप से सुबासित महीन परिधानों को धारण करते हैं।

(६)

पुंस्कोकिल (नर कोकिल) आम्र-मञ्जरियों की रस-मदिरा के पान से मत्त सा होकर अपनी प्रियतमा कोकिला का राग से हर्षित होकर चुम्बन कर रहा है और कमल में स्थित (कमल-रस का पान करता हुआ) एवं मधुर गुञ्जन करता हुआ यह भ्रमर भी अपनी प्रियतमा को चाटुकारिता द्वारा प्रसन्न कर रहा है।

(७)

लाल लाल नूतन कोपलों के गुच्छों से नीचे की ओर झुके हुए तथा मञ्जरियों से युक्त शाखाओं से सुशोभित आम्र के वृक्ष जब हवा के झोंकों से हिलने डुलने लगते हैं तो विलासिनियों के चित्त को अतिशय समुत्कण्ठित बना देते हैं।

(८)

लाल लाल नूतन कोपलों से युक्त 'अशोक' के वे वृक्ष जिनमें नीचे से लेकर ऊपर तक विद्रुम (मूँगे) के समान लाल रंग के फूल खिल गये हैं, नवयुवती रमणियों द्वारा देखे जाने मात्र से ही उनके हृदय को 'सशोक' (शोक से युक्त) कर देते हैं।

—×—

१७. वसन्ततौ कामविलासः

छन्दः—वसन्ततिलका, इन्द्रवज्रा एवम् उपजातिः

राग बहार — **ताल एकताल**

×		०		२		०		३		४	
सं	रें	सं	र	नी	सं	—	प	नी	म	प	ग
छा	ऽ	यां	ऽ	ज	नः	ऽ	स	म	भि	वा	ऽ
म	नी	म	प	ग	म	नी	नी	ध	नी	नी	सं
ञ्छ	ति	पा	ऽ	दं	ऽ	पा	ऽ	ऽ	नां	ऽ	ऽ
रे	नी़	स	म	म	म	प	—	प	प	पनी	मप
न	ऽ	ऽ	क्तं	ऽ	त	थे	ऽ	ऽ	च्छ	तिऽ	पुऽ
ग	म	म	नी	ध	नी	सं	नीसं	रेंसं	नीध	नीसं	संसं
नः	ऽ	कि	र	णं	ऽ	सु	धां	ऽऽ	शोःऽ	ऽऽ	ऽऽ
ग	म	नी	ध	नी	सं	सं	नी	सं	सं	नी	सं
ह	ऽ	र्म्यं	ऽ	ऽ	प्र	या	ऽ	ति	ऽ	श	यि
सं	रें	—	सं	नी	सं	—	प	नी	ध	नी	प
तुं	ऽ	ऽ	सु	ख	शी	ऽ	त	लं	ऽ	च	ऽ
गं	—	गं	गं	मं	मं	रें	रें	सं	रें	सं	सं
का	ऽ	न्तां	ऽ	च	गा	ऽ	ढ	मु	प	गू	ऽ
सं	रें	सं	रें	नी	सं	पनी	संनी	पनी	पनी	मप	गम
ह	ति	शी	ऽ	ऽ	त	लऽ	ऽऽ	ऽऽ	त्वात्	ऽऽ	ऽऽ

×		०		२		०		३		४	
सं	—	सं	—	नी॒	प	–	ग॒	म	ध	ध	नी
ने	ऽ	त्रे	ऽ	षु	लो	ऽ	लो	ऽ	म	दि	रा
सं	रें	सं	—	नी	सं	रें	—	सं	—	नी	सं
ऽ	ल	से	ऽ	षु	ऽ	ग	ऽ	ण्डे	ऽ	षु	पा
सं	नी॒	प	प	म	प	ग॒	म	रे	—	स	—
ऽ	ण्डुः	ऽ	क	ठि	नः	ऽ	स्त	ने	ऽ	षु	ऽ
स	स	म	म	म	म	प	ग॒	—	म	नी॒	नी॒
म	ऽ	ध्ये	ऽ	षु	नि	ऽ	म्नो	ऽ	ज	घ	ने
ध	ध	नी	—	सं	—	सं	—	नी॒	—	प	प
ऽ	षु	पी	ऽ	नः	ऽ	स्त्री	ऽ	णा	ऽ	म	न
म	प	ग॒	म	प	प	ग॒	म	रे	रे	स	स
ऽ	ङ्गो	ऽ	ब	हु	धा	ऽ	स्थि	तो	ऽ	द्य	ऽ

×		०		२		०		३		४	
ग॒	—	म	—	ध	ध	नी	सं	—	सं	नी	सं
अ	ऽ	ङ्गा	ऽ	नि	नि	ऽ	द्रा	ऽ	ल	स	वि
सं	सं	नी॒	—	नी॒	—	ध	—	नी	—	नी	सं
ऽ	भ्र	मा	ऽ	णि	ऽ	वा	ऽ	क्या	ऽ	नि	कि
सं	सं	सं	सं	गं॒	गं॒	—	मं	रें	—	रें	—
ऽ	ञ्चि	ऽ	न्म	दि	रा	ऽ	ल	सा	ऽ	नि	ऽ
सं	—	नी॒	—	नी॒	ध	—	नी	—	नी	सं	सं
भ्रू	ऽ	क्षे	ऽ	प	जि	ऽ	ह्मा	ऽ	नि	च	वी
—	नी॒	नी॒	—	नी॒	—	प	प	—	प	ग॒	—
ऽ	क्षि	ता	ऽ	नि	ऽ	च	का	ऽ	र	का	ऽ
म	—	नी॒	प	ग॒	—	म	म	रे	रे	स	स
मः	ऽ	प्र	म	वा	ऽ	ज	ना	ऽ	नाम्	ऽ	ऽ

Direction : The fourth and the sixth verse will be sung like the second verse and the fifth, seventh and the eight verse will be sung like the third verse of this song.

Date of composition—1.10.90

१८. मासे मधौ कुसुमश्रीः

राग वसन्तबहार

१८. मासे मधौ कुसुमश्रीः[1]

मत्तद्विरेफपरिचुम्बितचारुपुष्पा
मन्दानिलाकुलितनम्रमृदुप्रवालाः ।
कुर्वन्ति कामिमनसां सहसोत्सुकत्वं
बालातिमुक्तलतिकाः समवेक्ष्यमाणाः ॥१॥

कान्तामुखद्युतिजुषामचिरोद्गतानां
शोभां परां कुरबकद्रुममञ्जरीणाम् ।
दृष्ट्वा प्रिये सहृदयस्य भवेन्न कस्य
कन्दर्पबाणपतनव्यथितं हि चेतः ॥२॥

आदीप्तवह्निसदृशैर्मरुताऽवधूतैः
सर्वत्र किंशुकवनैः कुसुमावनम्रैः ।
सद्यो वसन्तसमयेन समाचितेयं
रक्तांशुका नववधूरिव भाति भूमिः ॥३॥

---

१. ऋतुसंहारम्—६।१९-२८

किं किंशुकैः शुकमुखच्छविभिर्न भिन्नं
किं कर्णिकारकुसुमैर्न कृतं न दग्धम् ।
यत् कोकिलः पुनरयं मधुरैर्वचोभि-
र्यूनां मनः सुवदनानिहितं निहन्ति ॥४॥

पुंस्कोकिलैः कलवचोभिरुपात्तहर्षैः
कूजद्भिरुन्मदकलानि वचांसि भृङ्गैः ।
लज्जान्वितं सविनयं हृदयं क्षणेन
पर्याकुलं कुलगृहेऽपि कृतं वधूनाम् ॥५॥

आकम्पयन् कुसुमिताः सहकारशाखा
विस्तारयन् परभृतस्य वचांसि दिक्षु ।
वायुर्विवाति हृदयानि हरन्नराणां
नीहारपातविगमात् सुभगे वसन्ते ॥६॥

कुन्दैः सविभ्रमवधूहसितावदातै-
रुद्द्योतितान्युपवनानि मनोहराणि ।
चित्तं मुनेरपि हरन्ति निवृत्तरागं
प्रागेव रागमलिनानि मनांसि यूनाम् ॥७॥

आलम्बिहेमरसनाः स्तनसक्तहाराः

कन्दर्पदर्पशिथिलीकृतगात्रयष्ट्यः ।

मासे मधौ मधुरकोकिलभृङ्गनादै-

र्नार्यो हरन्ति हृदयं प्रसभं नराणाम् ॥८॥

नानामनोज्ञकुसुमद्रुमभूषितान्तान्

हृष्टान्यपुष्टनिनदाकुलसानुदेशान् ।

शैलेयजालपरिणद्धशिलातलान्तान्

दृष्ट्वा नतः क्षितिभृतो मुदमेति सर्वः ॥९॥

नेत्रे निमीलयति रोदिति याति शोकं

घ्राणं करेण विरुणद्धि विरौति चोच्चैः ।

कान्तावियोगपरिखेदितचित्तवृत्ति-

र्दृष्ट्वाध्वगः कुसुमितान् सहकारवृक्षान् ॥१०॥

——×——

(1)

The young *atimukta* creepers, whose beautiful blossoms are sucked (kissed) by maddened black-bees and whose tender sprouts are shaken and bent by the gentle breeze, violenlty excite, when watched, the minds of lovers.

(2)

Having witnessed the great charm of the blossoms of the *kurabaka* tree, newly appearing and possessing the radiant lōveliness of the faces of damsels, the heart of what sensitive man, O dear, would not be pained with the fall of the arrows of Cupid ?

(3)

With the advent of spring season, covered all at once everywhere with *kiṃśuka* groves, bent with blossoms, shaken by the breeze and resembling blazing fire, this earth appears like a newly-wedded bride clad in a crimson-coloured silken garment.

(4)

Is it not pierced by *kiṃśuka* flowers, resembling the beaks of parrots and is it not scorched by the blossoms of *karṇikāra*, that this male cuckoo is again by sweet notes striking the hearts of young men, constantly remembering their beloveds.

(5)

Even the hearts of bashful and modest ladies of respectable families are perturbed in a moment by male cuckoos joyously singing in indistinct sweet notes and by black-bees humming intoxicated, sweet sounds.

(6)

Shaking the blossoming branches of the mango-tree and spreeding in all quarters the sweet notes of the male cuckoo, the spring breeze, pleasant due to the cessation of dew-fall, is blowing, pilfering the hearts of men.

(7)

Beautiful gardens adorned with *kunda* flowers, bright as the sportive laugh of women, steal away even an ascetic's mind, which has seceded from wordly attachment. They have already pilfered the minds sullied with passion of young men.

(8)

With golden girdle-strings dangling on their waists and necklaces adorning their breasts, their slender bodies languishing due to Cupid's intensity, women with the help of the sweet notes of cuckoos and black-bees, forcibly distract the minds of men in the month of *caitra*.

(9)

Beholding the mountains, whose sites are adorned with various beautiful flowering plants, the regions of whose summits are resonant with the sweet notes of delighted cuckoos and the surfaces of whose numerous rocks are covered with thick *śaileya* (flowers or plants grown on the roek), people are experiencing great pleasure.

(10)

Beholding the blossoming mango-trees, the traveller, with his mind stricken with separation from his beloved darling, shuts his eyes, weeps, grieves. covers (closes) his nose with the hand and laments loudly.

—×—

(१)

जिनके सुन्दर सुमनों को मदमाते भौंरे चूम रहे हैं, जिनके नवीन कोमल किसलय मन्द मन्द पवन के कारण झूल रहे हैं, उन नन्हीं नन्हीं 'अतिमुक्त' नामक लताओं को देख कर कामी पुरुषों के मन अकस्मात् ही उत्कण्ठा से भर जाते हैं।

(२)

हे प्रिये! सुन्दरी रमणियों के मुखों की कान्ति को चुराने वाली, सद्यः विकसित कुरबक-वृक्ष की मञ्जरियों की अद्भुत शोभा को देख कर किस सहृदय का चित्त कामबाण के गिरने से विद्ध नहीं हो जाता।

(३)

इस वसन्त ऋतु में समीर के झकोरों से हिलते हुए, प्रज्ज्वलित अग्नि के समान दृष्टिगत होते हुए तथा सुमनों के भार से नीचे झुके हुए पलाश के वनों से परिव्याप्त यह पृथ्वी लाल रेशमी चूनर से सुशोभित नववधूटी के समान परिलक्षित हो रही है।

(४)

अपनी प्रियतमा की मुखकान्ति पर लगे हुए नवयुवक प्रमियों के चित्त को, शुकों की चोंचों के समान लाला पलाशों ने क्या विदीर्ण नहीं किया था, (आग की लपटों के समान) कर्णिकार के पुष्पों ने क्या भस्म नहीं कर डाला था जो यह कोकिल भी अपने सुमधुर कूजन द्वारा उसे और भी नष्ट करने के लिए सन्नद्ध हो गया है।

(५)

इस वसन्त ऋतु में अतिशय आनन्दयुक्त होकर मधुर स्वर में कूजन करने वाले पुंस्कोकिलों ने तथा मधुर गुञ्जन करते हुए मदमस्त भौरों ने क्षणभर में ही कुलाङ्गनाओं के भी लज्जा एवं विनय से पूर्ण हृदयों को अधीर कर दिया है।

(६)

मञ्जरियों से लदी हुई आम्रवृक्ष की शाखाओं को हिलाता हुआ, कोकिल के मधुर कूजन को दसों दिशाओं में फैलाता हुआ तथा मनुष्यों के हृदयों को हरता हुआ यह पवन तुषार के न पड़ने से इस वसन्त ऋतु में बड़े मनोहर ढ़ंग से बह रहा है।

(७)

विभ्रमवती विलासिनियों के हास के समान धवल, कुन्द के फूलों से चमकते हुए मनोरम उपवन इस वसन्त ऋतु में राग-रंग से निवृत्त मुनियों के भी चित्त को जब आकृष्ट कर लेते हैं तब पहले से ही प्रेम-परिपूर्ण नवयुवकों के चित्त के विषय में क्या कहा जाय।

(८)

मधुमास (चैत्रमास) में जब कोकिल मधुर कूजन करते हैं तथा भौंरे मधुर गुञ्जन, तब कटिप्रदेश में सुवर्णनिर्मित काञ्ची लटकाए, पयोधरों पर मौक्तिक हार पहने हुए तथा कामातिशय से शिथिल शरीरयष्टि वाली रमणियाँ लोगों के चित्त को हठात् ही अपनी ओर आकृष्ट कर लेती हैं।

(९)

जिनके शिखरों पर अनेक प्रकार के नयनाभिराम पुष्पों से लदे हुए वृक्ष सुशोभित रहते हैं, जिनकी उपत्यकाएँ हर्षित कोकिलों के सुमधुर कूजन से गूँजती रहती हैं तथा जिनकी चट्टानों के किनारे शैलेयजाल (शिला पर उगे हुए पुष्प आदि) से व्याप्त रहते हैं, ऐसे पर्वतों को देखकर सभी प्राणी आनन्दमग्न होते हैं।

(१०)

इस वसन्त ऋतु में अपनी प्रियतमा से वियुक्त रहने के कारण जिनका चित्त व्याकुल रहता है, ऐसे पथिक जब मञ्जरियों से लदे हुए आम के पेड़ों को देखते हैं तब शोकातिशय के कारण अपने नयन मूँद लेते हैं, रोने लगते हैं, दुःखी होते हैं और हाथ से नासिका को ढ़क कर उच्च स्वर से विलाप करते हैं।

—x—

१८. मासे मधौ कुसुमश्रोः

छन्दः—वसन्ततिलका

राग वसन्तबहार | ताल एकताल

×		०		२		०		३		४	
मं	—	ध॒	—	रें	सं	—	—	नी	ध॒	नी	ध॒
म	ऽ	त्त	ऽ	द्वि	रे	ऽ	ऽ	फ	प	रि	ऽ
प	—	मं	ग	मं	—	ग	मं	ग	रे॒	स	—
चु	ऽ	म्बि	त	चा	ऽ	रु	पु	ष्पा	ऽ	ऽ	ऽ
स	—	म	—	प	—	ग॒	ग॒	म	म	म	नी॒
म	ऽ	न्दा	ऽ	ऽ	नि	ला	ऽ	कु	लि	त	न
नी॒	—	ध	नी	सं	—	नी॒	ध॒	नी	सं	—	—
ऽ	ऽ	स्त्र	मृ	दु	ऽ	प्र	वा	ऽ	लाः	ऽ	ऽ
रें	—	सं	—	नी	ध॒	—	नी	ध॒	प	मं	—
कु	ऽ	र्वं	ऽ	न्ति	का	ऽ	मि	म	न	सां	ऽ
मं	—	ग	ग	मं	—	ध॒	मं	—	ग	—	—
ऽ	ऽ	स	ह	सो	ऽ	त्सु	क	ऽ	त्वं	ऽ	ऽ
मं	ग	रे॒	स	स	—	म	—	म	—	म	प
बा	ऽ	ला	ऽ	ति	ऽ	मु	ऽ	क्त	ऽ	ल	ति
ग॒	म	नी॒	नी॒	ध	—	ध	नी॒	ध	नी	सं	—
काः	ऽ	स	म	वे	ऽ	क्ष्य	मा	ऽ	णाः	ऽ	ऽ

×		०		२		०		३		४	
म	—	ग	—	म॑	ध॒	म॑ध॒	सं	सं	सं	नी	रें॒
का	ऽ	न्ता	ऽ	मु	ख	ऽऽ	द्यु	ति	जु	षा	ऽ
सं	—	सं	सं	गं	—	मं॑	गं	रें॒	—	सं	—
ऽ	ऽ	म	चि	रो	ऽ	द्‌	ग	ता	ऽ	नां	ऽ
सं	—	नी॒	—	नी॒	प	—	—	म	प	ग॒	ग॒
शो	ऽ	भां	ऽ	प	रां	ऽ	ऽ	कु	र	ब	क
ग॒	म	म	—	रे	—	रे	स	—	स	—	—
ऽ	द्रु	म	ऽ	म	ऽ	ञ्ज	री	ऽ	णाम्	ऽ	ऽ
स	—	स	ग	—	—	म॑	ध॒	—	रें॒	रें॒	रें॒
दू	ऽ	ष्ट्‌	वा	ऽ	ऽ	प्रि	ये	ऽ	स	हृ	व
सं	—	सं	सं	गं	—	मं॑	गं	—	रें॒	सं	—
य	ऽ	स्य	भ	वे	ऽ	न्न	क	ऽ	स्य	ऽ	ऽ
सं	—	सं	—	सं	—	नी॒	—	प	—	प	प
क	ऽ	न्द	ऽ	पं	ऽ	बा	ऽ	ण	ऽ	प	त
म	—	प	नी॒	प	—	प	ग॒	म	रे	स	—
न	ऽ	व्य	थि	तं	ऽ	हि	चे	ऽ	ऽ	तः	ऽ

Direction : The third, fifth, seventh and the ninth verse will be sung like the first verse and the remaining verses will be sung like the second verse of this song.

Date of composition : 1.10.90

१९. कुसुममासे मन्मथोद्दीपनम्

राग रागेश्वरी

१६. कुसुममासे मन्मथोद्दीपनम्[1]

समदमधुकराणां कोकिलानां च नादै-

कुसुमितसहकारैः कर्णिकारैश्च रम्यः ।

इषुभिरिव सुतीक्ष्णैर्मानसं मानिनीनां

तुदति कुसुममासो मन्मथोद्दीपनाय ॥१॥

रुचिरकनककान्ति मुञ्चतः पुष्पराशीन्

मृदुपवनविधूतान् पुष्पितांश्चूतवृक्षान् ।

अभिमुखमभिवीक्ष्य क्षामदेहोऽपि मार्गे

मदनशरनिघातैर्मोहमेति प्रवासी ॥२॥

---

१. ऋतुसंहारम् — ६/२९-३३

परभृतकलगीतैर्ह्लादिभिः सद्वचांसि
स्मितदशनमयूखान् कुन्दपुष्पप्रभाभिः ।
कलकिसलयकान्तिं पल्लवैर्विद्रुमाभै-
रुपहसति वसन्तः कामिनीनामिदानीम् ।।३।।

कनककमलकान्तैराननैः पाण्डुगण्डै-
रुपरिनिहितहारैश्चन्दनार्द्रैः स्तनान्तैः ।।
मदजनितविलासैर्दृष्टिपातैर्मुनीन्द्रान्
स्तनभरनतनार्यः कामयन्ति प्रशान्तान् ।।४।।

मधुसुरभि मुखाब्जं लोचने लोध्रताम्रे
नवकुरबकपूर्णः केशपाशो मनोज्ञः ।
गुरुतरकुचयुग्मं श्रोणिबिम्बं तथैव
न भवति किमिदानीं योषितां मन्मथाय ।।५।।

—×—

(1)

With the sweet notes of cuckoos and intoxicated black-bees, with blossomed mango-trees and with charming *karṇikāra* flowers, the Flower-Month (*caitra-māsa*) is paining, so as to arouse love, the minds of proud damsels, with very sharp arrows as it were.

(2)

On beholding in front of his way, blossomed mango-trees, shaken by the gentle breeze and dropping heaps of *mañjaris* (blossoms) radiant as shining gold, the traveller already thin in body, faints being struck by the arrows of Cupid.

(3)

Now spring season mocks damsels' excellent words with the enjoyable, sweetly indistinct notes of the cuckoos, the beams of their teeth in smile, with the lustres of the *kunda* flowers and the charm of their sprout-like hands with young shoots of trees radiant like coral.

(4)

With their pale-cheeked faces attractivc like golden lotuses, with their breasts wet with sandle-paste and adorned with necklaces worn on them and with glances, sportive through intoxication, damsels bent with the weight of breasts inflame love even in great ascetics living in quietude.

(5)

Their lotus-like face sweet-smelling with wine, their eyes red like *lodhra* flowers, their charming, abundant tresses adorned with new *kurabaka* blossoms, their very heavy breasts and also their round hips;— what, of damsels, does not now rouse passion ?

—×—

(१)

मतवाले भौरों तथा कोकिलों के सुमधुर नाद, मञ्जरियों से युक्त आम्रवृक्षों तथा कर्णिकार के पेड़ों से रमणीक वसन्त ऋतु का यह समय, सुतीक्ष्ण बाणों की भाँति मानवती रमणियों के चित्तों को मदनोत्तेजित करते हुए पीड़ित कर रहा है।

(२)

अपनी प्रियतमा के वियोग से विधुरित प्रवासी पहले ही दुर्बल रहता है, दूसरे जब वह मार्ग में अपने सामने मृदु पवन के झोकों से हिलते हुए सुन्दर तथा सुनहली मञ्जरियों को गिराने वाले आम्रवृक्षों को देखता है तो मदन के शरों की चोट से मूर्च्छित हो जाता है।

(३)

यह वसन्त ऋतु हृदयाह्लादक कोकिल के सुमधुर गीतों से, कुन्द पुष्पों की आभा से तथा मूँगे के समान वृक्षों की नवीन कोपलों से विलासवती रमणियों के क्रमशः सुन्दर वचनों, उनके स्मित के अवसर पर दन्तपंक्ति की शोभा तथा किसलयों के समान लाल हथेलियों का मानों उपहास कर रहा है।

(४)

इस वसन्त ऋतु में पयोधरों के भार से अवनत सुन्दरियाँ सुवर्ण-कमल-सदृश सुन्दर गौर वर्ण के कपोलों वाले मुखों से, चन्दन से आर्द्र एवं मौक्तिक-हार से विभूषित पयोधरों से एवं मदजनित विलास से युक्त दृष्टिपातों से शान्तचित्त तपस्वियों के मन को भी सकाम बना देती हैं।

(५)

इस वसन्त ऋतु में मधुपान के कारण सुगन्धित कमल के समान सुन्दरी रमणियों के मुख, लोध्र पुष्प के समान उनके लाल नेत्र, कुरबक के नूतन पुष्पों से सज्जित उनके केशपाश, उनके उन्नत पयोधर और इसी प्रकार उनके स्थूल नितम्ब—क्या लोगों के मन में मदनोत्तेजना नहीं उत्पन्न कर रहे हैं ?

—×—

१९. कुसुममासे मन्मथोद्दीपनम्

छन्दः—मालिनी

राग रागेश्वरी | ताल एकताल

×		०		२		०		३		४	
रे	ऩी	स	ऩी	ऩी	ध़	स	—	स	—	—	स
स	म	द	म	धु	क	रा	ऽ	णां	ऽ	ऽ	को
स	ऩी	ध़	—	ऩी	—	ध़	ध़	—	स	—	—
ऽ	कि	ला	ऽ	नां	ऽ	च	ना	ऽ	द्वैः	ऽ	ऽ
स	ग	म	म	ध	ध	म	ध	सं	—	—	—
कु	सु	मि	त	स	ह	का	ऽ	रैः	ऽ	ऽ	ऽ
सं	—	रें	सं	—	सं	—	ध	ध	—	नो	ध
क	ऽ	र्णि	का	ऽ	रै	ऽ	श्च	र	ऽ	म्यः	ऽ
ध	ध	ध	ध	ध	ध	नी	—	ध	—	म	—
इ	षु	भि	रि	व	सु	ती	ऽ	क्ष्णै	ऽ	र्मा	ऽ
म	म	ध	—	सं	—	रें	सं	—	—	सं	—
ऽ	न	सं	ऽ	मा	ऽ	नि	नी	ऽ	ऽ	नां	ऽ
सं	सं	सं	ध	नी	ध	सं	—	—	सं	—	—
तु	द	ति	कु	सु	म	मा	ऽ	ऽ	सो	ऽ	ऽ
रें	—	सं	सं	ध	नी	ध	ध	म	—	ग	—
म	ऽ	न्म	थो	ऽ	द्दी	ऽ	प	ना	ऽ	य	ऽ

×		०		२		०		३		४	
म	ग	म	ध	नी̱	ध	सं	—	सं	—	—	—
रु	चि	र	क	न	क	का	ऽ	न्ती	ऽ	ऽ	ऽ
सं	—	सं	गं	गं	मं	गं	गं	रे	—	सं	—
न्मु	।ऽ	ञ्च	तः	ऽ	ऽ	पु	ष्प	रा	ऽ	शी	ऽ
म	ग	म	ध	नी̱	ध	सं	—	सं	—	—	—
न्मृ	दु	प	व	न	वि	धू	ऽ	ता	ऽ	ऽ	ऽ
सं	—	सं	गं	—	मं	गं	गं	रें	—	सं	—
न्पु	ऽ	ष्पि	तां	ऽ	श्चू	ऽ	त	वृ	ऽ	क्षान्	ऽ
सं	सं	ध	नी̱	ध	ध	म	—	—	ग	—	—
अ	भि	मु	ख	म	भि	वी	ऽ	ऽ	क्ष्य	ऽ	ऽ
रे	—	स	नी़̱	ध़	ध़	नी़̱	ध़	स	—	स	—
क्षा	ऽ	म	दे	ऽ	हो	ऽ	पि	मा	ऽ	गों	ऽ
स	ग	म	ग	रे	स	ग	म	ध	नी̱	ध	—
म	द	न	श	र	नि	घा	ऽ	तै	ऽ	ऽ	ऽ
सं	—	ध	नी̱	—	ध	—	म	ग	—	रे	स
मों	ऽ	ह	मे	ऽ	ति	ऽ	प्र	वा	ऽ	सी	ऽ

Direction : The third and the fifth verse will be sung like the first verse and the fourth verse will be sung like the second verse of this song.

Date of composition : 1.10.90

२०. वसन्ततौ पुंस्कोकिलकूजितम्

राग दुर्गा

२०. वसन्ततौ पुंस्कोकिलकूजितम्[1]

आकम्पितानि हृदयानि मनस्विनीनां
वातैः प्रफुल्लसहकारकृताधिवासैः ।
उत्कूजितैः परभृतस्य मदाकुलस्य
श्रोत्रप्रियैर्मधुकरस्य च गीतनादैः ॥१॥

रम्यः प्रदोषसमयः स्फुटचन्द्रभासः
पुंस्कोकिलस्य विरुतं पवनः सुगन्धिः ।
मत्तालियूथविरुतं निशि शीधुपानं
सर्वं रसायनमिदं कुसुमायुधस्य ॥२॥

—×—

---

१. ऋतुसंहारम्—६/३४-३५

(1)

The hearts of women are made to quiver by breezes fragranced by blossomed mango-trees, by the sweet notes of the intoxicated male cuckoos and by the black-bees' appealing music, pleasant to the ears.

(2)

The pleasant evening time, the clear moon-light, the sweet notes of the male cuckoo, the perfumed breeze, the humming of intoxicated swarms of black-bees and the drinking of wine at night—all this is elixir (panacea) to Cupid (Love).

—×—

(१)

इस वसन्त ऋतु में बौरे हुए (फूले हुए) आम्रवृक्षों से सुरभित पवन से, मदमस्त पुंस्कोकिल के मधुर कूजन से तथा भ्रमरों के कर्णप्रिय सुमधुर गुञ्जार-सङ्गीत से मनस्विनी नारियों के चित्त भी अस्थिर हो जाते हैं।

(२)

मन को आकृष्ट करने वाली सन्ध्या, खिली हुई चन्द्रिका, पुंस्कोकिल का मधुर कूजन, सुरभित पवन, मदमस्त भ्रमरों का गुञ्जार-सङ्गीत एवं रात्रि के समय मदिरा-पान— ये सब इस सुहावनी वसन्त ऋतु में पुष्पधन्वा कामदेव (प्रेम) को समुत्तेजित करने वाले रसायन हैं।

—×—

२०. वसन्ततौं पुंस्कोकिलकूजितम्

छन्दः—वसन्ततिलका

राग दुर्गा ताल एकताल

×		०		२		०		३		४	
सं	—	—	ध	—	म	रे	—	प	प	प	ध
आ	ऽ	ऽ	क	ऽ	म्पि	ता	ऽ	ऽ	नि	हृ	द
म	—	—	रे	म	रे	—	रे	ध	—	स	—
या	ऽ	ऽ	नि	म	न	ऽ	स्वि	नी	ऽ	नां	ऽ
रे	—	रे	—	ध़	स	—	स	म	रे	प	—
वा	ऽ	तैः	ऽ	प्र	फु	ऽ	ल्ल	स	ह	का	ऽ
—	प	प	ध	—	—	म	म	—	रे	—	स
ऽ	र	कृ	ता	ऽ	ऽ	धि	वा	ऽ	सैः	ऽ	ऽ
म	प	ध	—	ध	स	—	—	ध	सं	रें	सं
उ	ऽ	त्कू	ऽ	जि	तैः	ऽ	ऽ	प	र	भृ	त
सं	—	सं	रें	मं	—	रें	सं	—	प	ध	म
ऽ	ऽ	स्य	म	दा	ऽ	कु	ल	ऽ	स्या	ऽ	ऽ
सं	—	—	सं	—	—	ध	ध	—	—	प	ध
श्रो	ऽ	ऽ	त्र	ऽ	ऽ	प्रि	यै	ऽ	ऽ	मं	ध
म	रे	—	रे	रें	ध	सं	प	ध	म	रे	स
क	र	ऽ	स्य	च	गी	ऽ	त	ना	ऽ	दैः	ऽ

Direction—The second verse will be sung like the first verse.
Date of composition : 1.10.90

२१. शृङ्गारदीक्षागुरुर्वसन्तः

राग मालकोश

२१. शृङ्गारदीक्षागुरुर्वसन्तः[1]

रक्ताशोकविकल्पिताधरमधुर्मत्तद्विरेफस्वनः

कुन्दापीडविशुद्धदन्तनिकरः प्रोत्फुल्लपद्माननः ।

चूतामोदसुगन्धिमन्दपवनः शृङ्गारदीक्षागुरुः

कल्पान्तं मदनप्रियो दिशतु वः पुष्पागमो मङ्गलम् ॥१॥

मलयपवनविद्धः कोकिलालापरम्यः

सुरभिमधुनिषेकाल्लब्धगन्धप्रबन्धः ।

विविधमधुपयूथैर्वेष्ट्यमानः समन्ताद्

भवतु तव वसन्तः श्रेष्ठकालः सुखाय ॥२॥

आम्रीमञ्जुलमञ्जरी वरशरः सत्किंशुकं यद्धनु-

र्ज्या यस्यालिकुलं कलङ्करहितं छत्रं सितांशुः सितम् ।

मत्तेभो मलयानिलः परभृता यद्वन्दिनो लोकजित्

सोऽयं वो वितरीतरीतु वितनुर्भद्रं वसन्तान्वितः ॥३॥

—×—

१. ऋतुसंहारम्—६/३६-३८

(1)

With the red flowers of *aśoka* made to serve as the lower lip full of nector, with the humming of intoxicated black-bees, with the garland of *kunda* flowers as the radiant row of teeth and the full-blown lotus as the face, with gentle breezes perfumed with the odour of mango-blossoms and the Preceptor in the initiation (training) of love—May spring, the beloved friend of Cupid, grant you all, happiness for ever.

(2)

May the grand season, spring, shower on you happiness !—which (spring) is full of perfumed breezes from the *Malaya* mountain, attractive with the sweet music of the male cuckoo, continually odorous due to the dripping of fragrant honey and surrounded all round by numerous swarms of black-bees.

(3)

May that Bodiless one (Cupid), the conqueror of the worlds, in company with his beloved friend spring, ever shower on you happiness ! —he, whose excellent arrow is the charming mango-blossom, whose bow is the beautiful *kiṁśuka* flower, whose bow-string is the row of black-bees, whose spotless, white umbrella is the morn, whose rutty elephant is the fragrant breeze from the *Malaya* mountain and whose bards are the sweet-singing cuckoos.

—×—

(१)

अशोक के लाल पुष्पों से अमृतपूर्ण अधर वाला, मत्त भ्रमरों के गुन्जार-सङ्गीत से युक्त, उज्ज्वल कुन्द पुष्पों के रूप में चमकती हुई दन्तपंक्ति वाला, विकसित कमल रूप मुख वाला, आम्रमन्जरी से सुरभित पवन वाला तथा शृङ्गार की शिक्षा देने वाला कामदेव का प्रिय मित्र वसन्त आप सबके लिए कल्पान्त तक मङ्गलप्रद हो।

(२)

मलयाचल के सुगन्धित पवन से युक्त, पुंस्कोकिल के मधुर कूजन-सङ्गीत से मनोरम, चारों ओर सुरभित मधु को छिड़क कर चराचर को सुरभि-युक्त करने वाला, सर्वत्र रहने वाले भौंरों से घिरा हुआ, यह श्रेष्ठ वसन्त ऋतु का समय आप सबके लिये सुखप्रद हो।

(३)

आम्र की मन्जुल मन्जरियाँ जिसका बाण हैं, किंशक (पलाश) का सुन्दर सुमन जिसका धनुष है, भौंरों की पंक्तियाँ जिसके धनुष की प्रत्यन्चा हैं, कलङ्करहित चन्द्रमा जिसका धवल छत्र है, मलयाचल से समागत पवन जिसका मत्तगज है, कोकिल-समूह जिसके यशोगायक चारण हैं, अनङ्ग होकर भी जो लोकेश है (जिसने चराचर संसार को जीत लिया है), ऐसा कामदेव अपने प्रिय वसन्त के साथ आप सबके लिए कल्याणप्रद हो।

—x—

२१. शृङ्गारदीक्षागुरुर्वसन्तः

छन्दः—शार्दूलविक्रीडितम्, मालिनी

राग मालकोश   ताल तीनताल

×				२				०				३			
सं	—	सं	—	सं	—	ध	ध	नी	सं	सं	सं	नी	सं	सं	सं
र	ऽ	क्ता	ऽ	शो	ऽ	क	वि	क	ऽ	ल्पि	ता	ऽ	ध	र	म
नी	सं	नी	सं	—	ध	—	ध	ध	—	ध	—	नी	ध	—	म
धु	ऽ	र्म	ऽ	ऽ	त्त	ऽ	द्वि	रे	ऽ	फ	ऽ	स्व	नः	ऽ	ऽ
स	—	ग	—	म	—	ग	ग	म	ध	ध	ध	—	ध	नी	नी
कु	ऽ	न्दा	ऽ	पी	ऽ	ड	वि	शु	ऽ	द्ध	द	ऽ	न्त	नि	क
नी	नी	नी	नी	—	नी	—	नी	नी	—	नी	ध	नी	सं	सं	—
रः	ऽ	प्रो	ऽ	ऽ	त्फु	ऽ	ल्ल	प	ऽ	द्मा	ऽ	न	नः	ऽ	ऽ
सं	—	गं	—	मं	—	गं	—	सं	सं	सं	सं	सं	सं	सं	सं
चू	ऽ	ता	ऽ	मो	ऽ	द	सु	ग	ऽ	न्धि	म	ऽ	न्द	प	व
गं	सं	नी	—	नी	—	नी	नी	—	नी	ध	नी	ध	—	म	—
नः	ऽ	शृ	ऽ	ङ्गा	ऽ	र	दी	ऽ	क्षा	ऽ	गु	रुः	ऽ	ऽ	ऽ
सं	—	नी	—	ध	—	म	—	नी	ध	म	म	—	सं	नी	सं
क	ऽ	ल्पा	ऽ	न्त	ऽ	म	द	न	ऽ	प्रि	यो	ऽ	दि	श	तु
ध	नी	ध	म	गं	—	सं	सं	नी	—	ध	ध	म	ग	स	—
वः	ऽ	पु	ऽ	ष्पा	ऽ	ग	मो	म	ऽ	ङ्ग	लम्	ऽ	ऽ	ऽ	ऽ

Direction : The third verse will be sung like the first verse and the second verse will be sung like the song on page 247.

Date of composition : 21.6.91 Time of composition : 12.45 P.M.

रागपरिचयानुक्रमणिका

DESCRIPTION OF *RĀGAS*

रागपरिचयानुक्रमणिका

DESCRIPTION OF *RĀGAS*

(i) राग शङ्करा—शास्त्रीय: परिचय:

प्रसिद्ध इह शङ्करो भवति षाडवो वर्ज्यमः
सपावभिमतौ सदा मधुरवादिसंवादिनौ ।
परस्तु रिमवर्जितः कथित औडुवोऽपि क्वचि-
न्निशीथसमयेऽभिगीत इह चारुतीव्रस्वरैः ॥

—कल्पद्रुमाङ्कुरे ।

तीव्रस्वरः षाडवश्च वादिसंवादिनौ गनी ।
मध्यमेन विहीनोऽसौ शङ्करोऽपि निशीथगः ॥

—चन्द्रिकायाम् ।

सनी पनी धसौ निश्च पगौ पगौ तथा च सः ।
शङ्करा रिमहीना स्याद्रात्रिगेया च गांशिका ॥

—अभिनवरागमञ्जर्याम् ।

बरजे मध्यम को सदा सब तीवर सुर पेखि ।
ग-नि वादी-संवादितें राग शङ्करा देखि ॥

—चन्द्रिकासारे ।

(i) *RĀGA ŚAṄKARĀ*

Rāga Śaṅkarā belongs to *thāṭa Bilāvala*. *Ṛṣabha* and *madhyama* are avoided both in ascending and descending orders; thus its *jāti* (class) is *Auḍuva* (Pantatonic). All the *śuddha svaras* are used. Its *Vādī* (sonant) is *gāndhāra* and *Samvādī* (consonant) is *niṣāda*. The time of its performance is *niśītha* (midnight or second quarter of night). According to some musicians a second type (form) of *Śaṅkarā* is also known in which only *madhyama* is avoided in both ascending and descending orders; thus rendering its *jāti* (class) *ṣāḍava* (hexatonic).

Ārohāvarohasvarūpa

Āroha (Ascent)—S G, P, N D, Ṡ.

Avaroha (Descent)—Ṡ N P, N D, Ṡ N P, G P, G S.

Pakaḍa (Initial phrase)—Ṡ, N P, N D, Ṡ, N P, G P, G S.

—×—

राग शङ्करा—स्वर-विस्तार

१. स, सगप, गपग, स, प़स, गपग, स, नीप, गप, गस, गपग, नीधसंनीप, नीधसं, नीप, गप, ग, स ।

२. सरेस, प़स, रेस, गरेस, गप, रेगप, ग, रेस, गप, नीप, संनीप, नीधसं, नीप, गप, ग, स ।

३. पग, स, सगप, गपग, स, सगप, नीधसं, नी, प, संनी, प, गपनीधसं, नी, प, गग, गरेस ।

४. स, प़, ध़प़, स, नी़, प़, सरेस, गप, गरेस, गपनीधसं, पनीधसं, नीप, सं, गं, सं, नीप, सं, नीधनी, प, सं, नीप, गपग, ग, स ।

५. पपगरेस, नीनीपपगरेस, संसंनीनीपपगरेस, गंगंसंनीनीपपगरेस, गंगंरेंरेंसं, गंगपंपंगंगंरेंरेंसं, नीनीप, गगरेरेस, गगपपनीनीधधसं, नीनीप, गगपप-गगरेरेस ।

६. गगरेरेसस, पपगगरेरेसस, नीनीधधपपगगरेरेसस, गंगंरेंरेंसंसं, नीनीधधपप, गगरेरेसस, पंपंगंगंरेंरेंसंसं, पपगगरेरेसस, ससगगपपनीनीधधसंसं, नीनीधधपपगगरेरेसस ।

७. पपगपपगपपगरेसस, नीनीधनीनीधनीनीधधपपगगरेरेसस, गंगंरेंगंगंरें-
गंगंरेंरेंसंसंनीनीधधपपगगरेरेसस, पंपंगंपंपंगंपंपंगंगंरेंरेंसंसंनीनीधधपप-
गगरेरेसस ।

८ ससस, गगगग, ससस, प़प़प़प़, ससस, ऩीऩीऩीऩी, प़प़प़प़,
ऩीऩीऩीऩी, ध़ध़ध़ध़, ससस, गगगग, पपपप, गगगग, ससस,
नीनीनीनी, पपपप, गगगग, पपपप, गगगग, ससस, संसंसंसं,
नीनोनीनी, पपपप, गगगग, पपपप, गगगग, ससस ।

९. संसंनीनीधधपपनीनीधधसं, संसंनीनीधधपपगगपपनीनीधधसं, संसंनीनीधध-
पपगगरेरेगगपपनीनीधधसं, संसंनीनीधधपपगगससगगपपनीनीधधसं,
गंगंरेंरेंसंसंनीनीधधपपगगरेरेस ।

१०. पपपप संसंसंसं, गंगंगंगं, संसंसंसं, गंगंगंगं, पंपंपंपं, गंगंगंगं, संसंसंसं,
नीनीनीनी, धधधध, संसंसंसं, नीनीनीनी, पपपप, गगगग, पपपप,
गगगग, ससस, गगगग, पपपप, नीनीनीनी, धधधध, संसंसंसं ।

—×—

(ii) राग हिंडोल—शास्त्रीयः परिचयः

हिंदोलोऽसावौडुवः सर्वतीव्रो
नित्यं हीनः पञ्चमेनर्षभेण ।
वादी षष्ठो मन्त्रितुल्यस्तृतीयः
प्रातःकाले गीयतेऽसौ सुधीभिः ।

—कल्पद्रुमाङ्कुरे ।

रिपहीनः सर्वतीव्रो धगसंवादशोभनः ।
हिंडोल औडुवो नित्यं प्रभाते गीयते बुधैः ॥

—चन्द्रिकायाम् ।

गसौ धमौ धसौ गश्च मधौ निधौ मगौ च सः ।
हिंडोलो धैवतांशः स्यात् प्रथमे यामके दिने ॥

—अभिनवरागमञ्जर्याम् ।

जहाँ रिखब पञ्चम नहीं, सब तीखे सुर जान ।
धग वादी संवादितें राग हिंडोल पछान ॥

—चन्द्रिकासारे ।

(ii) *RĀGA HINḌOLA*

Rāga Hinḍola belongs to the group of Spring *rāgas* and originates from *Thāṭa Kalyāṇa*. *Ṛṣabha* are *Pañcama* are avoided both in ascending and descending orders; thus its *jāti* (class) is *Auḍuva* (Pantatonic). In this *rāga, tīvra madhyama* is used. Rest of the *svaras* are all *Śuddha*. Its *Vādī* (sonant) is *dhaivata* and *Samvādī* (consonant) is *gāndhāra*. In ascent, *niṣāda* is used in *vakra* form. In spring season, this *rāga* can be sung or performed at any time otherwise its time of performance is morning. This is an *uttaraṅgapradhāna rāga*. The use of *gamakas* adds to its beauty.

Ārohāvarohasvarūpa

Āroha (Ascent)—S G, Ṁ D N D, Ṡ.

Avaroha (Descent)—Ṡ, N D, Ṁ G, S.

Pakaḍa (Initial phrase)—S, G, Ṁ D N D Ṁ G, S.

—×—

राग हिंडोल—स्वर-विस्तार

१. स, ऩी, ध़, म़॑ ध़ ऩी ध़, स, स ग म॑ ग स, म॑ ग म॑ ग, स, स ग म॑ ग स, ध, म॑ ग म॑ ग, स, नी ध म॑ ग, म॑ ग, स।

२. ग, स, ध़, ऩी ध़, म़॑ ध़ ऩी ध़, म़॑ ध़ स, ग, स, स ग, म॑ ध नी ध, नी ध म॑ ग, म॑ ग म॑ ग, स, ध म॑ ग स, नी ध म॑ ग स।

३. स, ऩी ऩी ध़ म़॑, म़॑ ध़ ऩी ध़, स, ग, म॑ ग, म॑ ध नी ध म॑ ग, ग, म॑ ध नी म॑ ध, सं, म॑ ध म॑ सं, नी ध म॑ ग, सं, नी ध म॑ ग, म॑ ग, स।

४. म॑ ग स, नी ध म॑ ग स, सं नी ध म॑ ग स, स ग म॑ ध नी ध सं, सं, नी ध, सं, गं सं, ध सं म॑ ध म॑ सं, नी ध, म॑ ग, स।

५. ध, म॑ ध नी ध, सं, ग म॑ ध सं, ध, गं सं, म॑ं गं, म॑ं गं, सं, सं सं नी नी ध, नी नी ध, म॑ म॑ ग, म॑ ग, स।

६. म॑ म॑ ग म॑ म॑ ग म॑ म॑ ग स, नी नी ध नी नी ध नी नी ध म॑ ग स, स स ग ग म॑ म॑ ध ध नी नी ध ध सं, सं सं नी नी ध ध म॑ म॑ ग ग स, गं गं सं सं नी नी ध ध म़॑ म॑ ग ग स।

७. स स ग ग म॑ म॑ ध ध सं, ध ध सं, सं सं गं सं, नी ध सं, सं सं गं गं म॑ं म॑ं गं गं सं, नी नी ध ध सं, म॑ ध म॑ सं, स ग म॑ ध सं, नी ध, म॑ ग, स।

८. मंमं धध नीनी धध सं, धसं, संसं गंगं सं, नीध, संसं गंगं
मंमं गंगंसं, धसंमंधनीधसं, संध, मंग, मंध नीध मंग,
मंग, स।

९. सं, गंसं, गंगंसं, मंमं गंगंसं, संसंधधसं, गमंधमंधसं,
सस गग मंमं धध नीनी धधसं, गंगंसं, संसंनी, नीनीध,
धधमं, मंमंग, गगस।

१०. संसं गंगंसं, संसं गंगं मंमं गंगंसं, मंमं गंगं सं, गं सं,
संनी, नीध, मंग, मंधनीधसं, सगमंधनीधसं, संधमंगस।

—x—

(iii) राग मालकोश––शास्त्रीय: परिचय:

रागाग्र्यो मालकौशिर्मृदुलगमधनिः प्रौढपञ्चस्वराढ्यः
गम्भीरोच्चस्वभावस्त्यजति स ऋषभं पञ्चमं चापि नित्यम्।
वाद्यस्मिन्मध्यमः संप्रविलसति भृशं षड्जसंवादियुक्तः
प्रख्यातस्त्वौडुवोऽयं प्रकटयति रुचिं यो निशीथात् परस्तात्॥

—रागकल्पद्रुमाङ्कुरे।

मृदू गमौ धनी चैव समौ संवादिवादिनौ।
परिहीनौ मालकौशिर्निशीथात्परमौडुवः॥

— रागचन्द्रिकायाम्।

निसौ गमौ धनी सश्च सनी धमौ गमौ गसौ।
मालकोशोऽरिपः प्रोक्तो मध्यमांशो निशीथगः॥

—अभिनवरागमञ्जर्याम्।

कोमल सब पञ्चम रिखब दोऊ बरजित कीन्ह।
समसंवादीवादितें मालकंस को चीन्ह॥

—रागचन्द्रिकासारे।

(iii) *RĀGA MĀLAKOŚA (OR MĀLAVAKAUŚIKA)*

This *rāga* is known by the names *Mālakośa*, *Mālavakauśika*, *Mālakauśi* and *Mālakaṁsa* etc. This is a very popular and pleasant *rāga* which belongs to *Bhairavī thāṭa*. *Ṛṣabha* and *Pañcama* are avoided both in ascending and descending orders; thus its *jāti* (class) is *Auḍuva* (Pantatonic). In this *rāga*, *komala gāndhāra*, *dhaivata* and *niṣāda* are used. Its *Vādī* (sonant) is *madhyama* and *Saṃvādī* (consonant) is *Ṣaḍja*. The expression of this *rāga* is humble, deep, peaceful and sublime. The time of its performance is midnight or after midnight (but can be performed at midday too). According to some musicians, this *rāga* belongs to *Āsāvarī thāṭa*.

Ārohāvarohasvarūpa

Āroha (Ascent)—$\underline{\text{Ṇ}}$ S, $\underline{\text{G}}$ M, $\underline{\text{D}}$, $\underline{\text{N}}$ Ṡ.

Avaroha (*Descent*)—Ṡ $\underline{\text{N}}$ $\underline{\text{D}}$, M, $\underline{\text{G}}$ M $\underline{\text{G}}$ S.

Pakaḍa (Initial phrase)– M $\underline{\text{G}}$, M $\underline{\text{D}}$ $\underline{\text{N}}$ $\underline{\text{D}}$, M, $\underline{\text{G}}$, S.

—×—

राग मालकोश—स्वर-विस्तार

१. नीस, धनीस, मधनीस, धनीस, गस, मगस, नीस, म, गम, धम, गमगस, गमधम, गमगस, नीसधनीस, मगस

२. नीस, नीसगस, नीसगमगस, नीसगमधमगस, नीसगमधनीधमगस, नीसगमधनीसंनीधमगस, नीसगमधनीसंगंसंनीधमगस।

३. स, नीस, धनीस, धनीसगम, गम, धम, गमधनीधम, गमधनी, धनी, धनीसं, नीनीसं, गंसं, नीधम, गमगस, धनीस।

४. सगम, गमध, मधनी, धनीसं, नीसंगं, संगंमं मंगंसं, गंसंनी, संनीध, नीधम, धमग, मगस, धनीस।

५. नीसनीसग, सगसगम, गमगमध, मधमधनी, धनीधनीसं, नीसंनीसंगं, मंगंमंगंसं, गंसंगंसंनी, संनीसंनीध, नीधनीधम, धमधमग, मगमगस, धनीधनीस।

६. ससगगस, ससगगममगगस, ससगगममधधममगगस, ससगगममधधनीनी-धधममगगस, ससगगममधधनीनीसंसंनीनीधधममगगस, धधनीनीस।

७. गगस, ममगगम, धधममगगस, नीनीधधममगगस, संसंनीनीधधममगगस,
गंगंसं, संसंनी, नीनीध, धधम, ममग, गगस, धधनीनीस ।

८. सगमगसगम, गमधमगमध, मधनीधमधनी, धनीसंनीधनीसं, संनीसंनीध,
नीधनीधम, धमधमग, मगमगस, धनीधनीस ।

९. धधनीनीस, नीनीससग, ससगगम, गगममध, ममधधनी, धधनीनीसं,
संसंनीनीध, नीनीधधम, धधममग, ममगगस, धधनीनीस ।

१०. सं, नीनीसं, धधनीनीसं, ममधधनीनीसं, गगममधधनीनीसं, ससगगमम-
धधनीनीसं, संसंनीनीधधममगगस, नीनीधधममगगस, धधममगगस,
धधनीनीस ।

—×—

१. राग भूपाली—शास्त्रीयः परिचयः

भूपाली नाम रागस्त्विह सरिगपधैः पञ्चतीव्रस्वरैः यः
स्यादारोहेऽवरोहेऽपि च स खलु पुनर्नैव भेदं प्रपेदे ।
गान्धारो धैवतोऽत्र प्रविलसत उभौ वादिसंवादिनौ तौ
प्रख्यातश्चौडुवोऽयं निशि गुणिनिकरैर्गीयते पूर्वयामे ।।

—रागकल्पद्रुमाङ्कुरे ।

आरोहे चावरोहे च भूपाली मनिर्वर्जिता ।
गांशा धैवतसंवादिन्युक्ता तीव्रस्वरैर्निशि ।।

—रागचन्द्रिकायाम् ।

गरी सधौ सरी गश्च पगौ धपौ गरी च सः ।
भूपाली कथ्यते लोके मनिहीना च गांशिका ।।

—अभिनवरागमञ्जर्याम् ।

आरोही अवरोही में सुर मनि कीन्हे त्याग ।
धग संवादीवादितें कहि भूपाली राग ।।

—रागचन्द्रिकासारे ।

1. *RĀGA BHŪPĀLĪ*

Rāga Bhūpālī belongs to *thāṭa Kalyāṇa.* *Madhyama* and *niṣāda* are avoided both in ascending and descending orders; thus its *jātī* (class) is *Auḍuva* (Pentatonic). All *Śuddha Savaras* are used. Its *Vādī* (sonant) is *gāndhāra* and *Saṃvādī* (consonant) is *dhaivata*. The time of singing or playing this *rāga* is the first quarter of night. *Bhūpāli* is a *rāga* of cosmic movement, harmony and contentment. In the dusky tender night, it renders the joy of saintly detachment.

Ārohāvarohasvarūpa

Āroha (Ascent)—S R G P, D, S.

Avaroha (Descent)—Ṡ, D P, G, R, S.

Pakaḍa (Initial phrase)—G, R, S Ḍ, S R G, P G, D P G, R, S.

—×—

राग भूपाली—स्वर-विस्तार

१. स, सरेग, रेग, रेस, सध़, सरेग, सध़प़, पध़सरेग, गपग, धपग, रेग, रेस, सध़सरेग, सरेगरेस, धपगरेस, संधपगरेस सध़सरेग ।

२. प़प़ध़ध़स, ध़ध़स, ससरेरेग, पपग, धधपपग, संसंधधपपग, रेंरेंसंसंधध-पपग, गंगंरेंरेंसंसंधधपपग, धधपपग, पपगगरे, गगरेरेस, प़प़ध़ध़ससरेरेग ।

३. प़प़ध़ध़प़प़, ससरेरेसस, ससरेरेगग, गगरेरेसस, पपगगरेरेसस, संसंधधपप-गगरेरेसस, रेंरेंसंसंधधपपगगरेरेसस, गंगंरेंरेंसंसंधधपपगगरेरेसस, पंपंगंगंरेंरेंसंसंधधपपगगरेरेसस ।

४. प़ध़सस, ध़सरेरे, सरेगग, रेगपप, गपधध, पधसंसं, धसंरेंरें, संरेंगंगं, रेंगंपंपं, पंपंगंरें, गंगंरेंसं, रेंरेंसंध, संसंधप, धधपग, पपगरे, गगरेस, रेरेसध़, ससध़प़, प़ध़प़ध़सस, प़ध़प़ध़सस, प़ध़प़ध़सस ।

५. सरेसरेगग, रेगरेगपप, गपगपधध, पधपधसंसं, धसंधसंरेंरें, संरेंसंरेंगंगं, रेंगंरेंगंपंपं, पंगंपंगंरेंरें, गंरेंगंरेंसंसं, रेंसंरेंसंधध, संधसंधपप, धपधपगग, पगपगरेरे, गरेगरेसस ।

६. सरेसरेसरेगग, रेगरेगरेगपप, गपगपगपधध, पधपधपधसंसं, धसंधसंधसंरेंरें संरेंसंरेंसंरेंगंगं, गंरेंगंरेंगंरेंसंसं, रेंसंरेंसंरेंसंधध, संधसंधसंधपप, धपधपधपगग, पगपगपगरेरे, गरेगरेगरेसस ।

७. सरेसस, सरेगरेसस, सरेगपगरेसस, सरेगपधपगरेसस, सरेगपधसंधपगरेसस, सरेगपधसंरेंसंधपगरेसस, सरेगपधसंरेंगंरेंसंधपगरेसस, सरेगपधसंरेंगंपंपंगंरें-संसंधपगरेसस, संसंधधपपगगरेरेसस ।

८. ससरेरेससगग, रेरेगगरेरेपप, गगपपगगधध, पपधधपपसंसं, धधसंसंधधरेंरें, संसंरेंरेंसंसंगंगं, रेंरेंगंगंरेंरेंपंपं, पंपंगंगंपंपंरेंरें, गंगंरेंरेंगंगंसंसं, रेंरेंसंसंरेंरेंधध, संसंधधसंसंपप, धधपपधधगग, पपगगपपरेरे, गगरेरेगगसस ।

९. सरेगरेसरेगग, रेगपगरेगपप, गपधपगपधध, पधसंधपधसंसं, धसंरेंसंधसंरेंरें, संरेंगंरेंसंरेंगंगं, रेंगंपंगंरेंगंपंपं, पंपंपंपं, गंगंगंगं, रेंरेंरेंरें, संसंसंसं, धधधध, पपपप, गगगग, रेरेरेरे, ससस ।

१०. गगरेगगरेसस, पपगपपगरेरे, धधपधधपगग, संसंधसंसंधपप, रेंरेंसंरेंरेंसंधध, गंगंरेंगंगंरेंसंसं, पंपंगंपंपंगंरेंरें, गंगंरेंगंगंरेंसंसं, रेंरेंसंरेंरेंसंधध, संसंध-संसंधपप, धधपधधपगग, पपगपपगरेरे, गगरेगगरेसस ।

—×—

२. राग जयजयवन्ती—शास्त्रीयः परिचयः

प्रोक्तेयं जयजयवन्तिका तु पूर्णा
गौनी द्वावपि मृदुमो रिधौ च तीव्रौ ।
वावी रिर्विलसति पञ्चमो हि मन्त्री
सोरट्यंगत इह गीयते निशायाम् ॥

—रागकल्पद्रुमाङ्कुरे ।

द्विनिषावा द्विगान्धारा र्यंशा संवादिपञ्चमा ।
सोरट्यंगत एवैषा निशि जैजयवन्तिका ॥

—चन्द्रिकायाम् ।

रिगौ रिसौ निधौ पश्च रिगौ मपौ मरी गरी ।
निसौ रात्र्यां जयावन्ती परमेलप्रवेशिका ।।

—अभिनवरागमञ्जर्याम् ।

द्वै गान्धार निखाद द्वै संवादै प-रि सोइ ।
सोरठ ही के अंग तें जैजैवन्ती होइ ॥

—चन्द्रिकासारे ।

2. *RĀGA JAYAJAYAVANTĪ*

Rāga Jayajayavantī belongs to *thāṭa khcmāja*. It is known by a number of names like *Joijaivantī*, *Jayajayavantikā*, *Jayajavantī*, *Jayajayantī* etc. Its *jāti* (class) is *Sampūrṇa* (heptatonic). Its *Vādī* (sonant) is *ṛṣabha* and *Samvādī* (consonant) is *Pañcama*. Both the *gāndhāras* and both the *niṣādas* are used in this *rāga*. *Śuddha gāndhāra* and *niṣāda* are used in ascending order, whereas *komala*, *gāndhāra* and niṣāda are used in descending order. The time of singing and playing this *rāga* is second quarter of the night. *Jayajayavantī* is a very popular and pleasant *rāga* which expresses vigour and tenderness.

Ārohāvarohasvarūpa

Āroha (Ascent)—S, R R, R G̱ R S, Ṉ̣ Ḍ P̣, R, G M P, N Ṡ.

Avaroha (Descent)—Ṡ Ṉ D P, D M, R G̱ R S,

Pakaḍa (Initial phrase)—R G̱ R S, Ṉ̣ Ḍ P̣, R.

—×—

राग जयजयवन्ती—स्वर-विस्तार

१. स, धनीरे, रेग, रेगरे, गम, गमप, गम, रेगरेस, गमपगम, रेगरे, धप, गमपगम, रेगरेस, रेस, धनीरे ।

२. रेस, गम, रेगरेस, प, गम, रेगरे, रेगमपधप, गम, रेगरे, नीसरेगमप, गमपगम, रेगरेस, रेगमप, नीधप, धम, रेगरेस, नीसधनीरे ।

३. नीस, नीधनीस, धनीस, मपनीस, रेगरेस, मगरेगरेस, रेगरेस, नीसरेमपध, म, गम, गुरेनी, सरेस, रेस, रेग, रेस, मगरेगरेस, पगम, रेगरेस, नीसधनीरे ।

४. मरे, पमरे, रेमपध, गम, रेगरे, नीसरेग, रेगरे, नीधप, धम, रेगरे, नीधप, धमरे, संनीधप, धम, रेगरे, नीसरेगमप, गम, रेगरे, नीनीस, नीस, धनीरे ।

५. प, गम, रेगम, गमप, रेप, रेमपध, गम, रेगम, गम, रेगरेप, नीधप, संनीधप, रेंनीधप, नीधप, मपसं, संधनीप, नीधप, धप, गम, रेगरे, नी, सरेस, धनीरे ।

६. ध, नीध, नीसं, नीधनीसं, संनीध, रेंसंरेंनीध, नीसं, रेंनीध, नीसं, रेंगं, गंमं, रेंगंरेंसं, नीसंरेंगं, रेंगंरेंनी, संरेंनीध, नीध, मपनीध, गमपगम, नीध, नीप, पग, म, गमपगम, रेगरेरेनी, सरेस, धनीरे ।

७. मपसं, नीसं, रेंगंरेंसं, नीधनीसं, रेंगं, गंमं, रेंगंरेंसं, नीसंरें, नीसं,,
नीधप, गमपसं, मपसं, नीधप, धग, म, नीधपमगम, संनीधपगम,
रेंनीधप, परेंसं, रेंनीधप, मपसं, नीधप, धप, गमप, गम, रेगरे, नी, सरेस,
नीसधनीरे ।

८. सं, धनीसं, नीसं, मपनीसं, गमपसं, रेगरेस, मपसं, नीधप, मपसं, रेंगंरेंसं,
मपसं, रेंगंमंगंरेंगंरेंसं, मपसं, संसंनीनीधधप, धधम, रेगरेस, नीनीस,
नीस, नीस, नीसधनीरे ।

९. नीनीनीनी, ससस‍स, रेरेरेरे, गगगग, रेरेरेरे, ससस‍स, नीनीनीनी, धधधध
पपपप, रेरेरेरे, गगगग, मममम, पपपप, गगगग, मममम, रेरेरेरे, गगगग,
रेरेरेरे, ससस‍स, नीनीनीनी, ससस‍स, धधधध, नीनीनीनी, रेरेरेरे ।

१०. संसंनीनीधधपपममगगरेरेगगरेरेसस, संसंरेंरेंसंसंनीनीधधपपममगगरेरे-
गगरेरेसस, रेंरेंगंगंरेंरेंसंसंनीनीधधपपममगगरेरेगगरेरेसस, पंपंमंमंगंगंरेंरें-
गंगंरेंरेंसंसंनीनीधधपपममगगरेरेगगरेरेसस, संसंनीनीधधपपममगगरेरेगग-
रेरेसस, नीनीससधधनीनीरे ।

—×—

३. राग दीपक—शास्त्रीयः परिचयः

(पूर्वीमेलजन्यप्रकारः)

मेले पूर्व्यां दीपकः षड्जवादी
प्रारोहे संवर्ज्यतेऽत्रर्षभो हि ।
वर्ज्यः प्रोक्तश्चावरोहे निषादः
सायं काले गीयते गानधुर्यैः ॥

—रागकल्पद्रुमाङ्कुरे ।

अयं दीपकरागः स्यात्षड्जन्यासग्रहांशकः ।
पञ्चमस्वरसंवादी आरोहे वर्जितर्षभः ॥
अवरोहे निगदितो निषादस्वरवर्जितः ।
गीयते दीपसमये बुधैः षाडवषाडवः ॥
केचिदेनं तु सम्पूर्णं निर्दिशन्ति विचक्षणाः ।
केचिन्निषादहीनं च प्राहुः कल्याणमेलजम् ॥
तीव्रा निषादगान्धारमध्यमा धैवतर्षभौ ।
कोमलौ कथितौ षड्जपञ्चमावचलौ सदा ॥

—सङ्गीतसुधाकरे ।

पूर्वीमेलसमुत्पन्नो दीपको गुणिसम्मतः ।
आरोहणे रिवर्ज्यं स्यादवरोहे निर्वाजतम् ॥
षड्जस्वरो भवेद्वादी कैश्चित्पञ्चम ईरितः ।
गानं सुसम्मतं चास्य दिने यामे तुरीयके ॥

—श्रीमल्लक्ष्यसङ्गीते ।

चढ़त जहाँ सुर रिखब नहीं उतरत नहीं निखाद ।
भयो पूरवी ठाट में दीपक सपसंवाद ॥

—रागचन्द्रिकासारे ।

3. *RĀGA DĪPAKA*

(originated from thāṭa *Pūrvī*)

Three different forms of *rāga Dipaka* are known. It originats from thāṭas *Pūrvī*, *Bilāvala* and *Kalyāṇa*. Here we are describing *rāga Dīpaka* which belongs to *thāṭa Pūrvī*. The compositions available in *rāga Dīpaka* mostly belong to *Dīpaka* originating from *thāṭa Pūrvī*. In this *rāga*, *komala ṛṣabha* and *dhaivata* and *tīvra madhyama* are used. *Ṛṣabha* and *niṣāda* are avoided in ascending and descending orders respectively; thus its *jāti* (class) is *Ṣāḍava* (hexatonic). According to some musicians, its *jāti* (class) is *Sampūrṇa* (heptatonic). Its *Vādī* (sonant) is *Ṣaḍja* and *Samvādī* (consonant) is *Pañcama*. According to some musicians, its *Vādī* (sonant) is *Pañcama* and *Samvādī* (consonant) is *Ṣaḍja*. The time of its singing and playing is evening.

Calana (Style)

S, P, G P G R S, S G P, M D P, G M D P Ṡ, N Ṡ Ṙ Ṡ,

P, G P G R S.

—×—

राग दीपक—स्वर-विस्तार

१. नी, स, धु नी स, धुपमंप, धुनीस, नीस, नीरेस, मंपनीस, गरेस, रेरेस, गमंगरेस, प, मंग, रेरेस, सरेस।

२. पधुपमंप, पनी, रेरेस, पमंग, रेस, गमंप, नीसगमंप, मंप, धुप, मंग, सगमंप, मंग, धुमंग, सगपग, मंमंग, रेरेस, रेस, सरेस।

३. गमंप, धुधुप, मंग, मंपधमंप, मंग, पमंग, मंग, गरेस, सगमंधुप, मंग, पग, गरेस, सगमंप, धुमंग, मंग, रेस, सरेस।

४. गग, मंधुप, सगमंप, नीस, सगमंप, मंग, धुमंग, मंपधुमंप, मंग, सगपग, सगमंप, मंग, रेरेस, सरेस ।

५. गपगरेस, सगप, मंधुप, गमंधुप, सं, प, गमंधुपसं, नीसंरेंसं, संप, मंधुप, मंमंधुधुप, सगप, गपगरेस।

६. नीनीसस, धुधुनीनीसस, नीनीरेरेसस, गगरेरेसस, रेरेसस, गगमंमंगग-रेरेसस, पपपपमंमंगग, मंमंगगरेरेसस, ससरेरेसस।

७ गगमंमंपप, पपधधपपमंमंपपधधमंप, मंमंमंमंगगगग, रेरेरेरेससस,
मंमंमंमंपपपप, ससगगमंमंपप, मंमंमंमंधधपप, पपपपगगगग, गगरेरेससससं,
नीनीरेरेससस।

८ मंमंधधपप, गगमंमंपप, धधधधपप, मंमंमंमंगग, पपमंमंगग, धधमंमंगग,
नीनीरेंरेंसंसं, संसंरेंरेंसंसं, पपधधपप, धधमंमंगग, मंमंगगरेस।

९. पपधधपपमंमं, पपपपनीनीनीनी, रेंरेंरेंरेंसंसंसंसं, पपपपगगगग, पपमंमं-
गगगग, धधमंमंगगगग, ससगगपपगग, मंमंमंमंगगगग, रेरेरेरेसससस।

१०. संसंसंसंपपपप, गगगगपपपप, गगरेरेसससस, ससगगपपपप, मंमंधधपपपप,
गगमंमंधधपप, पपपपसंसंसंसं, पपसंसंपपसंसं, सं—सं—।

—×—

४. राग मियांमल्हार—शास्त्रीय: परिचय:

मियांमल्हार इति विदितो यस्तु कर्णाटमिश्रः ।
षड्जो वादी रुचिर इह संवादिना पञ्चमेन ॥
गान्धारस्य स्फुटविलसदान्दोलनं निद्वयं च ।
प्रच्छन्नो धो विलसति सदा मध्यमाद्रौ प्रपातः ॥

—कल्पद्रुमाङ्कुरे ।

कर्णाटसदृशो लक्ष्ये मियांमल्हार इष्यते ।

—चन्द्रिकायाम् ।

रिमौ रिसौ निपमा निधौ निधौ निसौ पगौ ।
मरिसा मांशको लोके मीयांमल्हार उच्यते ॥

—अभिनवरागमञ्जर्याम् ।

हरप्रियाभिधे मेले जायते विबुधप्रियः ।
मीयांमल्लारनामासौ वर्षासु सुखदायकः ॥
संवादिनौ सपौ प्रोक्तौ गान्धारे दोलनं मतम् ।
निधयोरेव संयोगे भवेद्रागस्य मण्डनम् ॥
मन्द्रस्थानगतं गानं नित्यं स्याधृदयङ्गमम् ।
विलम्बितलयालापो नूनं वैचित्र्यमावहेत् ॥

—लक्ष्यसङ्गीतशास्त्रे ।

दर्बारी ढ़ंग होत है मियां की मल्हार ।

—चन्द्रिकासारे ।

4. *RĀGA MIYĀNMALHĀRA*

It is believed that *Miyan Tansen*, one of the nine jewels of Emperor *Akbar* composed and popularised *Rāga Miyānmalhāra* for the first time. King *Akbar* was very fond of this *rāga*. *Miyānmalhāra* belongs to *thāṭa Kāfī*. *Gāndhāra* and *dhaivata* are avoided in ascending and descending orders respectively; thus its *jāti* (class) is *Ṣāḍava* (hexatonic). In this *rāga*, *komala gāndhāra* and both the *niṣādas* are used. Adept musicians use both the *niṣādas* one by one which adorns this rāga. *Miyānmalhāra* is composed by the blend of *Kānaḍā* and *Malhāra rāgas*. Its *Vādi* (sonant) is *Ṣaḍja* and *Samvādi* (consonant) is *Pañcama*. *Miyānmalhāra* is a seasonal rāga which can be sung or played at any time during rainy season, otherwise the time of its performance is midnight. According to some musicians, its *Vādī* (sonant) is *madhyama* and *Samvādi* (consonant) is *Ṣaḍja*. Being a seasonal *rāga*, its compositions often contain beautiful descriptions of rainy season. It is a very pleasant and magnificent *rāga*.

Ārohāvarohasvarūpa

Āroha (Ascent)—R M R S, M R, P, N D N Ṡ.

Avaroha (Descent)—Ṡ N P, M P, G M, R S.

Pakaḍa (Initial phrase)--R M R S, N P M P, N Ḍ,

N S, P, G M R S.

—×—

राग मियांमल्हार—स्वर-विस्तार

१. म प, धनीस, रेस, नीधनीस, रेस, रेमरेस, म, मरे, प, मप, गम, रेस, नीपमप, नीधनीस, रेरेप, गम, रेस ।

२. नीस, नीधनीस, रेस, नीपमप, नीधनीस, रेरेस, रेरेप, गगम, रेरेस, रेरेप, नीधनीप, मप, गम, रेस ।

३. स, नीधनी, रेस, नीस, प, नीधनीस, मरे, प, गगम, रेस, रेरेप, नीधनीप, मप, नीध, नीसं, संनीप, मप, गम, रेस ।

४. स, मरेस, पमप, गमरेस, नीधनीप, मपगम, रेस, सम, रेप, मप, नीधनीप नीपमप, गमरेस, नीधनीस ।

५. मप, मरेप, नीधनीप, मप, ध, नीसं, नीधनीसं, नीप, ग, गगममरे रेरेस, मरेप, नीधनीसं, नीपमप, गम, रेस ।

६. प, मरे, प, नीधनीप, नीधनीसं, सनीप, गगमरेप, नीधनीस, रेस, मरेप, नीधनीसं, मपधनीसं, गमपधनीसं, धनीप, ग, गम, रेस ।

७ नी़नी़ससरेरेसस, गगममरेरेसस, मरेपपगगममरेरेसस, संसंनीनीपपमम-
गमरेरेसस, नीधनीसंनीपमगगममरेरेसस, ससममरेरेपपगगममरेरेसस ।

८. नी़सममरेममरेसस, नी़नी़ससरेरेपपगगममरेरेसस, नी़नी़ससरेरेपपनीनी-
पपममपपगगममरेरेसस, संसंनीनीपपमपगगममरेरेसस ।

९. ममरेरेममरेरेममरेरेनी़नी़सस, नीनीपपनीनीपपनीनीपपगगममरेरेसस,
रेंरेंसंसंरेंरेंसंसंरेंरेंसंसंनीपमपगगममरेरेसस, रेंरेंसंसंनीनीपपममपपगगमम-
रेरेसस ।

१०. ममरेममरेपप, नीनीधनीनीधनीसं, रेंरेंसंरेंरेंसंनीप, मंमंरेंमंमंरेंपंपं,
गंगंमंमंरेंरेंसंसं, संसंनीनीपपमप, गगममरेरेसस ।

—×—

५. राग सूरमल्हार—शास्त्रीयः परिचयः

मल्लारो यः सूरपूर्वो नियुक्तो ।
द्वावत्राप्याच्छादितौ तौ धगौ स्तः ।
षड्जो वादी मध्यमः सम्प्रवादी
रागाभिज्ञैर्गीयते प्रावृषीह ॥

रागकल्पद्रुमाङ्कुरे ।

निसौ रिमौ पमौ निधौ पनी सनी पमौ रिसौ ।
सूरमल्लारको मांशः सारङ्गाङ्गेन मण्डितः ॥

अभिनवरागमञ्जर्याम् ।

सारङ्ग की छब देत है गावत सुरमल्लार ।

—रागचन्द्रिकासारे ।

5. *RĀGA SŪRAMALHĀRA*

It is believed that famous Saint-Poet *Sūradāsa* composed and popularised *rāga Sūramalhāra* (or *Sūradāsīmalhāra*) for the first time. It is a seasonal *rāga* and can be performed at any time during rainy season. It belongs to *Kāfī thāṭa*. In this *rāga*, both *niṣādas* are used. *Gāndhāra* and *dhaivata* are mostly avoided. There is another form of *Sūramalhāra* also in which *komala gāndhāra* is used. Its Vādī (sonant) is *madhyama* and *samvādī* (consonant) is *ṣadja*. According to some musicians its *Vādī* (sonant) is *ṣaḍja* and *Samvādī* (consonant) is *madhyama*. This *rāga* is composed by the blend of *madhyamādi sāraṅga* and *malhāra*. It is a very pleasant and marvellous *rāga*.

Uṭhāva (Initial Pharase)

N S, R M, P M, N D P, N Ṡ, N P, M R, S.

Calana (Style)

S, N S, R M, M P, N D P, M P M R, S, N N P M R, S

S, R M, M P N D P, N Ṡ, Ṙ Ṡ, N, M N D P, M P N,

P M R, S, M M P, N, N Ṡ, Ṙ, N, N M P, D P, M R,

Ṡ N, M P N D P, D P, M R, Ṙ N, M P N D P, M R, P,

M R, S

Sūramalhāra having *komala gāndhāra*

calana (Style)

RS
G R M P, N D N M P, P, M P, N Ṡ, Ṙ Ṡ,

M S
N D N P, M R, S R, M P G M, R S.

—x—

राग सूरमल्हार–स्वर-विस्तार

१. स, ऩीस, प़ऩीस, रे, रेम, मरेपमरे, स, मप, नीधप, नीनीधप, मपमरे, नीधप, नीनीपमरे, मपमरे, स, रे, स।

२. ऩीस, रे, मरेपमरे, स, रेम, मप, नीधप, मपनीधप, मपनीसं, मपनीधप, नीसं, रेंसं, नी, मपनी, मनीधप, मपनीधप, मनीधप, मपनी, पमरे, स।

३. सरेम, ससरेम, म, प, पम, नीध, पम, मपनीसं, रेंसं, नीनीधप, मपमरे, रें, रेंसं, सं, नी, मपनीधप, मरे, स।

४. सरेम, सरेमपनीधप, पम, मपसं, नीधप, रेंसं, रेंमंरेंसं, रेंसं, संनीमप, नीधप, मरे, धप, रेंसं, नी, नीधप, मरे, संनी, मपनीधप, धप, मरे, मपनीधप, मरे, प, मरे, स।

५. ऩीऩीस, रेरेम, ममप, नीनीधधप, ममपपममरे, सस, नीनीपपममरे, ममनीनीधधप, ममपपनीनीपपममरे, रेरेस, ऩीऩीस।

६. ऩीऩीसस, प़प़ऩीऩीसस, ममरेरेपपममरेरे, ससससस, नीनीनीनीधधपप, ममपपममरेरे, रेंरेंरेंरें, संसंसंसं, नीनीनीनी, ममपपनीनीधधपप, मममम, रेरेरेरे, ससससस।

७. ससरेरेमममम, ममममपपपप, ममपपनीनीसंसं, रेंरेंरेंरें, रेंरेंसंसं, मंमंमंमं-
रेंरेंरेंरें, संसंसंसंन̱ीन̱ीन̱ीन̱ी, ममपपनीनीसंसं, न̱ीन̱ीधधप, ममममरे,
रेरेरेरेस ।

८. ससरेरेममपपन̱ीन̱ीधधप, ममममपपपपसं, नीन̱ीन̱ीन̱ीधधधधप, रेंरेंरेंरें-
संसंसंसं, रेंरेंमंमंरेंरेंसंसं, संसंसंसंन̱ीन̱ीन̱ीन̱ी, ममममपपपप, ममममरेरेरेरे,
स—स— ।

९. न̣ीससस न̣ीससस, रेममम रेममम, मपपप मपपप, पन̱ीन̱ीन̱ी पन̱ीन̱ीन̱ी,
नीसंसंसं नीसंसंसं, रेंमंमंमं रेंमंमंमं, रेंरेंरेंरेंसंसंसंसं, न̱ीन̱ीधधपपपप, ममममम-
रेरेरेरे, ससससससससस ।

१०. न̣ीन̣ीसस, रेरेमम, ममपप, न̱ीन̱ीसंसं, रेंरेंमंमं, मंमंमंमं, रेंरेंरेंरें, संसंसंसं,
न̱ीन̱ीन̱ीन̱ी, धधधध, पपपप, मममम, रेरेरेरे, ससस स, न̣ीन̣ीन̣ीन̣ी, ससस स ।

—×—

६. राग मेघमल्हार–शास्त्रीय: परिचय:

मल्लार एव मेघः किञ्चिन्मृदुनिप्रवेशतो भवति ।
ऋषभस्यान्दोलनमत्र भवेद्भेदधीजननहेतुः ।।

—रागकल्पद्रुमाङ्कुरे ।

रिमौ रिसौ निपौ निसौ रिमौ रिपौ रिमौ रिसौ ।
ऋषभान्दोलितो मेघः सपसंवादमण्डितः ।।

—अभिनवरागमञ्जर्याम् ।

सुध मलारके मेल में दोउ निषाद लगात ।
समवादीसंवादिते मेघमलार कहात ।।

—रागचन्द्रिकासारे ।

6. *RĀGA MEGHAMALHĀRA*

Rāga Meghamalhāra belongs to *thāṭa Kāfī* and the group of *rāgas* of the rainy season. *Gāndhāra* and *dhaivata* are both avoided in ascending and descending orders; thus its *jāti* (class) in *Auḍuva* (Pentatonic). According to Alain Danielau, *Meghamalhāra* belongs to thāṭa *Khammāja* and its *jāti* (class) is *Auḍuva-Ṣāḍava* (Pentatonic-hexatonic). Both the *niṣādas* are used in this *rāga*. Its *Vādī* (sonant) is *Ṣaḍja* and *Samvādī* (consonant) is *Pañcama*. According to some musicians its *Samvādī* (consonant) is *madhyama*. It is a seasonal *rāga* and can be sung or played at all times during the rainy season; otherwise its time of performance is at night.

Uṭhāva (Initial Phrase)

R M, R S, N P, N S, R, M R, P, R M, R S.

Calana (Style)

M M P S M
R, R M R S, N P, S, S R R, R M M, R S R M R, S N P,

P R
M P Ṡ, N P, M R S, M P, N Ṡ, Ṡ, Ṙ Ṡ, N Ṡ Ṙ Ṁ Ṙ, Ṡ,

P MM
N P, Ṡ, N P, R R M R S.

—–+—–

राग मेघमल्हार—स्वर-विस्तार

१. म़प़, प़ऩीस, ऩीस, रे, प, मरे, स, मप, पमरे, स, ऩीस, रेमरे, स, ऩीस, प, मरे, स, नीनीप, मप, मरे, स ।

२. ऩीस, ऩीऩीप़, म़प़, स, ऩीस, रे, मरे, नीप, नीनीप, मप, मरे, स, रे, मरे, ऩीप, सं, नीप, मरे, स ।

३. स, रे, पमरे, मप, स, रेरे, पमरे, नीनीप, मप, सं, नीनीपमरे, पमरे, मरेस, ममप, सं, नीनीप ममरे, रेरे, स ।

४. ससऩीस, ऩीऩीसस, रेरेममरे, ससस, ऩीऩीसस, पपपप, ममरेरे सससस, नीनीनीनीप, ममममप, ममममरे, सससस ।

५. ससरेरेससस, रेरेरेरेससस, ऩीऩीऩीऩीप़प़प़प़, म़म़म़म़प़प़प़प़, ससससससससस, रेरेरेरेरेरेरेरे, ममममरेरेरेरे, नीनीनीनीपपपप, मममम-रेरेरेरे, ससससससससस ।

६. ससससरेरेरेरे, पपममरेरेरेरे, नीनीनीनीपपपप, ममममपपपप, संसंसंसं-संसंसंसं, नीनीनीनीपपपप,, ममममरेरेरेरे, पपममरेरेरेरे, ममरेरे-सससस ।

७ म̣म̣म̣म̣प̣प̣प̣प̣, नी॒̣नी॒̣नी॒̣नी॒̣सससस, प̣प̣नी॒̣नी॒̣सससस, रेरेरेरेपपपप,
ममममरेरेरेरे, नी॒नी॒नी॒नी॒संसंसंसं, ममनी॒नी॒पपपप, ममममरेरेरेरे,
ससससससस ।

८. रेरेरेरेमममम, रेरेरेरेसससस, नी॒̣नी॒̣नी॒̣नी॒̣प̣प̣प̣प̣, नी॒̣नी॒̣नी॒̣नी॒̣सससस,
रेरेरेरेरेरेरेरे, ममममरेरेरेरे, पपपपपपपप, रेरेरेरेमममम, रेरेरेरेरेरेरेरे,
ससससससस ।

९. रेरेरेरेरेरेरेरे, रेरेममरेरेसस, ससससरेरेरेरे, रेरेरेरेमममम, रेरेरेरेरेरेरेरे,
ससरेरेममरेरे, ममपपसंसंसंसं, रेंरेंरेंरेंसंसंसंसं, नी॒नी॒नी॒नी॒पपपप,
ममरेरेसससस ।

१०. रेरेममरेरेसस, ममपपसंसंसंसं, रेंरेंरेंरेंसंसंसंसं, नी॒नी॒संसंरेंरेंमंमंरेंरेंरेंरें,
संसंसंसंसंसंसंसं, नी॒नी॒नी॒नी॒पपपप, रेरेरेरेममरेरे, ससससससस ।

—o—

७. राग गौड़मल्हार—शास्त्रीयः परिचयः

सम्पूर्णोऽयं गौडमल्लाररागो
न्यल्पारोहस्तीव्रमान्यस्वरो यः ।
मांशः संवादी तु षड्जो मतोऽस्मिन्
गायन्ति ज्ञाः प्रावृषि प्रायशोऽमुम् ॥

—रागकल्पद्रुमाङ्कुरे ।

मान्यतीव्रस्वरः पूर्णो मांशः संवादिषड्जकः ।
आरोहेऽल्पनिषादश्च गौडमल्लार उच्यते ॥

—चन्द्रिकायाम् ।

सनो पमौ पधौ सश्च निपौ मपौ गमौ रिसौ ।
गौडमल्लारको मांशो वर्षासु सुखदायकः ॥
रिगौ रिमौ गरी सश्च मपौ धसौ धपौ मगौ ।
गौडमल्लारकोऽप्यन्यः श्रूयते लक्ष्यकेंऽशमः ॥

—अभिनवरागमञ्जर्याम् ।

मृदु मध्यम तीखे सबै संपूरन विस्तार ।
अल्प निखाद लगायके गावत गौडमल्लार ॥

—चन्द्रिकासारे ।

7. RĀGA GAUḌAMALHĀRA

Rāga Gauḍamalhāra belongs to the group of *rāgas* of the rainy season. Therfore, it can be suug or played at any time during rainy season. There are two opinions regarding its *thāṭa*. According to some scholars, this belongs to *thāṭa Kāfī*. Others believe that it originates from *thāṭa Khammāja*. Both the *niṣādas* are used in this *rāga*. Two forms of *rāga Gauḍamalhāra* are found. In one form *śuddha gāndhāra* is used whereas in other form, *komala gāndhāra* finds place. Its *jāti* (class) is *sampūrṇa* (heptatonic). Its *vādī* (sonant) is *madhyama* and *samvādī* (consonant) is *ṣaḍja*. Being seasonal *rāga* its compositions often contain beautiful descriptions of rainy season. It is a very popular *rāga*.

Ārohāvarohasvarūpa

Āroha (Ascent)—S R M, P, D Ṡ.

Avaroha (Descent)—Ṡ N̠ P, M P G̠ M, R S,

or

Āroha (Ascent)—R G R M G R S, R P M P, D Ṡ.

Avaroha (Descent)—Ṡ D N̠ P M, G M R S.

Pakaḍa (Initial phrase)—R G R M G R S, M P D Ṡ, D P M.

—o—

राग गौड़मल्हार–स्वर-विस्तार

१. ऩीस, रेग, स, गम, मप, मपधनीप, मप, धप, मग, रेगस, मगरेस, रेगम, मपमग, धनीप, मग, रेगमगरेस, रेगमप, मगरेस, रेगम।

२. ससग, रेग, सरेगम, रेगम, सरेगमप, मग, रेगम, मपमग, रेगम, धप, धनीप, मपधनीप, मग, रेगम, धपमग, सं, धनीप, मपमग, रेगमगरेस, रेग, म।

३. मग, मगरेस, रेगस, सरेग, मग, रेगम, गम, रेप, मप, रेग, म, धप, मप, ध, सं, धनीप, सं, धप, धपमग, धनीप, मपमग, मग, रेस, रेगम।

४. ससरेरेगगरेरेसस, रेरेगगममपपममगगरेरेसस, रेरेगगममपपधधसंसंधधपपममगगरेरेसस, रेरेगगममपपधधसंसंरेंरेंसंसंधधनीनीपपममपपममगगरेरेसस।

५. ससससस, रेरेसस, ममगगरेरेसस, रेरेरेरेपपपप, ममममपपपप, धधधधममममगगगग, ममममगगगग, रेरेरेरेससस, रेरेरेरेपपपप, ममपपधधसंसं, रेंरेंरेंरेंसंसंसंसं, धधपपममगग, रेरेगगममधधपप, ममगग, ममगगरेरेसस, गगगगमममम।

६. ममरेममरेममरेस, धधपधधपधधपमरेस, संसंधसंसंधसंसंधपममरेस, मंमंरेंमंमंरेंमंमंरेंसंधधपपममरेस, रेरेरेरेपपपप, ममपपधधनीनीसंसं, धधधधपपपप, ममममगगगगरेरेरेरेससस, रेरेरेरेगगगगमममम।

७. ससमगरेस, रेरेपपममपपमगरेस, रेरेपपममपपधधनी̲नी̲धधपपममगग-
मगरेस, संसंरेंरेंसंसंनी̲नी̲धधपपममपपधधनीनीसंसंनीनीधधपपममगग-
मगरेस, रेरेगगममपपममगगरेरेसस, ससससगगगग, गगगगमममम ।

८. सरेगरेसस, ससरेरेगगरेरेसस, रेगमपमगरेस, रेरेगगममपपममगग-
रेरेसस, रेगमपसंधपमगरेस, रेरेगगममपपधधसंसंधधपपममगगरेरेसस,
रेगमपधसंरेंसंधनी̲पपमपमगरेस, रेगमपधसंरेंगंरेंसंनी̲धनी̲पमगरेस,
रेरेगगम ।

९. पपपप, धधधध, संसंसंसं, संसंरेंरेंसंसं, मंमंरेंरेंसंसं, धधधधसंसंसंसं,
रेंरेंरेंरेंसंसंसंसं, धधधधनी̲नी̲नी̲नी̲पपपप, ममरेरेपपपप, ममपपधधसंसं,
धधपपममपप, ममममगगगग, रेरेरेरेगगगग, मममम, धधपपममगग,
गगगगरेरेरेरेससस, गगगगम ।

१०. संसं, धधसंसं, गगपपधधधध, संसंसंसं, रेंरेंसंसं, रेंरेंगंगंमंमंगंगंरेंरेंसंसं,
मंमंगंगंरेंरेंसंसं, पंपंमंमंगंगंगंगं, रेंरेंमंमंगंगंरेंरेंसंसं, गंगंरेंरेंसंसं, रेंरेंसंसं,
धधसंसं, ममपपसंसं, ममरेरपपपप, ममपपसंसं, धधसंसं, धधनी̲नी̲पप,
ममपपममगग, रेरगगमममम ।

—०—

८. राग बहार—शास्त्रीयः परिचयः

बहाररागो निगमैस्तु कोमलै-
रस्मिन्समौ संवदतः परस्परम् ।
आरोहणे रिर्न न धोऽवरोहणे
ऋतौ वसन्ते गुणिभिः स गीयते ॥

—कल्पद्रुमाङ्कुरे ।

निगमाः कोमला यत्र समौ संवादिवादिनौ ।
नावरोहे धैवतोऽसौ बहारः स्याद्वसन्तके ॥

—चन्द्रिकायाम् ।

निसौ गमौ पगमधा निसौ निपौ मपौ गमौ ।
रिसौ भवेद् बहाराख्यो रात्रिगेयोऽथ मांशकः ॥

—अभिनवरागमञ्जर्याम् ।

हरप्रियाह्वमेलाच्च जातो रागः सुसंमतः ।
आधुनिको बहाराख्यश्चञ्चलप्रकृतिः सदा ॥
समयोरेव संवादः स्वीकृतोऽत्र विचक्षणैः ।
वसन्ततौ मतं गानं संगत्या मधयोर्भृशम् ॥
आरोहणे रिहीनत्वं प्रतिलोमे धलोपनम् ।
मर्मविदादृतमेतन्मतं भाति सुसंगतम् ॥
आरोहे धलुप्तत्वादडाणाङ्गं प्रदर्शयेत् ।

—लक्ष्यसङ्गीतशास्त्रे ।

रिध, तीवर, कोमल निगम, उतरत धैवत टार ।
स-म संवादी-वादि हैं, समझो राग बहार ॥

—रागचन्द्रिकासारे ।

8. RĀGA BAHĀRA

Rāga Bahāra belongs to the group of *rāgas* of the spring season. It can be sung or played at all times during spring season, otherwise, time of its performance is second quarter of the night. *Rāga Bahāra* originates from *thāṭa Kāfi*. *Ṛṣabha* and *dhaivata* are avoided in ascending and descending orders respectively; thus its *jāti* (class) is *Ṣāḍava* (hexatonic). *Śuddha niṣāda* and *komala niṣāda* are used in ascending and descending orders respectively. Its *vādī* (sonant) is *madhyama* and *samvādī* (consonant) is *ṣaḍja*. Being a seasonal *rāga*, its compositions contain beautiful descriptions of the spring season. A number of new *rāgas* have been formed by the blend of *Bahāra* and other rāgas e. g. *Vasant-bahāra*, *Hinḍola-bahāra*, *Aḍāṇā-bahāra*, *Mālkaṁsa-bahāra*, *Bāgeśri-bahāra*, *Bhairava-bahāra* etc. *Bahāra* is a very pleasant and magnificent *rāga* having compositions full of charming love-songs.

Ārohāvarohasvarūpa

Āroha (Ascent)—N̲̣ S, G̲ M, P G̲ M, D, N Ṡ.

Avaroha (Descent) - Ṡ, N̲ P M P, G̲ M, R S.

Pakaḍa (Initial phrase)—M P G̲ M, D, N Ṡ.

—o—

राग बहार–स्वर-विस्तार

१. नी स, गग, म, रेस, मपगम, नीनीप, मप, गम, रेरेस, गम, ध, नीसं, नीप, मप, ग, म, रे, स।

२. सम, मपगम, नीपमपगम, मपगम, नीध, नीसं,, संसंनीप, मप, गम, रेस, पगम, रेस।

३. नीसगम, पगम, ध, नीसं, संसंनीप, पमगम, रेरेस, रेंरेंसं, नीनीप, ममप, गगम, रे, स।

४. गम, नीप, गम, ध, धनीसं, नीसं, नीप, नीधनीप, मप, पग, म, रेस, नीस, पगम, रेस, नीपमप, गमरेस।

५. प, पगम, नीप, गमध, नीप, मपगम, धनीसं, रेंनीसं, नीप, रेंनीसं, धनीप, मप, गम, मरेस, नीनीस।

६. ध, नीध, नीप, नीध, नीसं, रेंनीसं, गमधनीसं, नीसं, नीध, नीसंरेंनीसं, धनीसं, मपगम, ध, नीप, गमनीप, गम, रेस।

७. नीनीप, ममप, गगम, रेरेस, रेंरेंसं, संसंनीनीपपमम, गगममरेरेसस नीनीससगगमम, पपगगमम, धधनीनीसंसं, नीपमपगमरेस।

८ सं, रेंसं, धनीसं, गंमंरेंसं, नीध, नीसं, रेंनीसं, नीसं, नीप, मपगम

धनीसं, गंगंमंमंरेरेसस, गगममरेरेसस ।

९. रेरेसस, गगममरेरेसस, नीनीपपगगममरेरेसस, रेंरेंसंसंनीनीपपगगमम-

रेरेसस, गंगंमंमंरेंरेंसंसं, धधनीनीसंसंरेंरेंनीनीसंसं, संनीपमगमरेरेसस ।

१०. गगममरेरेसस, पपगगममरेरेसस, नीनीपपममपपगगममरेरेसस,

रेंरेंसंसंनीनीपपधधनीनीसंसं, गंगंमंमंपंपंगंमंरेंरेंसंसं, गगममपपगमरेरेसस ।

—०—

९. राग बागेश्रीबहार——शास्त्रीयः परिचयः

राग बागेश्री

तीव्रौ रिधौ गमनयो मृदवो हि यस्यां
संवादिषड्जसहिता खलु मध्यमांशा ।
आरोहणे परहिता सकलाऽवरोहे
वागीश्वरी सुमतिभिः कथितार्धरात्र ॥

—रागकल्पद्रुमाङ्कुरे ।

कोमलाः स्युर्गमनयो वादिसंवादिनौ मसौ ।
तीव्रौ रिधावर्धरात्रे गीता वागीश्वरी बुधैः ॥

—रागचन्द्रिकायाम् ।

सनी धनी समौ गश्च मधौ निधौ मगौ रिसौ ।
वागीश्वरी मता रात्रौ मांशाऽऽरोहे पर्वजिता ॥

—अभिनवरागमञ्जर्याम् ।

तीवर रिध कोमल गमनि मध्यम वादि बखानि ।
खरज जहाँ संवादि है बागेसरी लखानि ॥

—रागचन्द्रिकासारे ।

राग बहार

द्रष्टव्य पृ० ३०३-३०६

—०—

9. *RĀGA BĀGEŚRĪBAHĀRA*

Rāga Bāgeśrībahāra is formed by combining two *rāgas* : *Bahāra* and *Bāgeśrī*. *Rāga Bāgeśri* belongs to *thāṭa kāfī*. In this *rāga*, *komala gāndhāra* and *niṣāda* are used, rest of the *svaras* are *śuddha*, *Ṛṣabha* is avoided in ascending order. There is difference of opinion regarding the use of *pañcama* in *rāga Bāgeśrī*. Some avoid *pañcama* in both ascending & descending order, some use pañcama in descending order only, whereas others use it in both the orders. Thus its *jāti* (class) is *auḍuva-ṣāḍava* (pentatonic-hexatonic) or *Ṣāḍava-Sampūrṇa* (hexatonic-heptatonic). Its *Vādī* (sonant) is *madhyama* and *Saṁvādi* (consonant) is *ṣaḍja*. The time of singing or playing this *rāga* is midnight. Its other name is *Vāgiśvari*.

Rāga Bāgeśri

Ārohāvarohasvarūpa

Āroha (Ascent)—S, N̲̣ Ḍ N̲̣ S, M G̲, M D N̲ Ṡ.

Avaroha (Descent)—Ṡ, N̲ D, M G̲, M G̲ R S.

Pakaḍa (Initial Phrase)—S, N̲̣ D, S, M D N̲ D, M, G̲, R, S.

RĀG-BAHĀRA

Please see pp. 303-306.

—o—

राग बागेश्रीबहार—स्वर-विस्तार

१. स नी ध, म ध नी स, स नी ध नी स, म, म ग र ग म, म प ग म,
नी, नी, ध नी सं, सं नी प, म प ग म, रे स।

२. नी स म ग रे स, नी स म ग रे ग म, ध म, ध नी ध म, म प ग म नी,
नी ध नी, सं, सं नी ध म, प ध ग, रे स रे स।

३. नी स म, ग म ध म, ध नी ध म, सं नी ध म, म प ग म, नी ध नी ध
नी सं, रें रें सं, नी ध म, म ग रे ग म, म ग रे स।

४. म ग रे ग म, ध म, ध नी ध, म, सं नी ध म, म प ग म, रे स,
म प ग म, नी ध नी सं, रें सं नीध नी सं, नी नी प, म ग रे ग म,
ध म, प ध ग, म ग रे स।

—०—

५. नीनीससमम, गगममधध, ममधधनीनी, नीनीपप, ममपपगगमम,
नीनीधधनीनीसंसं, संसंनीनीधधमम, गगममधधमम, ममगगरेरेसस।

६. नीनीससमगरेस, मगमगमगरेस, धधममगगमगमगरेस, ससमम मपगम,
नीनीपपमपगम, नीनीधधनीनीसंसं, संसंनीनीपप, ममपपगगमम,
धधममगगमममगगरेरेसस।

७. मगमगमगरेस, धधममगगमगरेस, नीनीधधममगगमगरेस, ममपपगगमम,
नीनीपपमपगम, नीनीधधनीनीसंसं, संसंनीनीपप, ममपपधधगग,
ममगगरेरेसस ।

८. नीसमम, गमधध, मधनीनी, धनीसंसं, नीसंमंमं, मंगंरेंसं, मंगंमंगंरेंसं,
संसंनीनीपपमप, गगमम, नीनीधधनीनीसंसं, नीनीपप, ममपप, धधमम-
गगमम, मगमगमगरेस ।

९. नीसनीसमम, गमगमधध, मधमधनीनी, धनीधनीसंसं, संसंसंसंनीनीपप,
नीनीधधनीनीसंसं, नीनीनीनीपपपप, गगगगमममम, धधधधमममम,
गगगगमममम, ममगगरेरेसस ।

१०. नीसनीसनीसमम, गमगमगमधध, मधमधमधनीनी, धनीधनीधनीसंसं,
संसंमंमंमंगंरेंसं, नीनीधधनीनीसंसं, संसंनीनीपपपप, ममगगरेगमम,
धधममगगमम, ममममगगगग रेरेरेरेसससस ।

—o—

१०. राग हिंडोलबहार—शास्त्रीयः परिचयः

राग हिंडोल

हिंदोलोऽसावौडुवः सर्वतीव्रो
नित्यं हीनः पञ्चमेनर्षभेण ।
वादी षष्ठो मन्त्रितुल्यस्तृतीयः
प्रातःकाले गीयतेऽसौ सुधीभिः ।।

—रागकल्पद्रुमाङ्कुरे ।

रिपहीनः सर्वतीव्रो धगसंवादशोभनः ।
हिंडोल औडुवो नित्यं प्रभाते गीयते बुधैः ।।

—चन्द्रिकायाम् ।

विस्तरार्थ द्रष्टव्य पृ० २६७-२७०

—०—

राग बहार

बहाररागो निगमैस्तु कोमलै-
रस्मिन् समौ संवदतः परस्परम् ।
आरोहणे रिर्न न धोऽवरोहणे
ऋतौ वसन्ते गुणिभिः स गीयते ।।

—रागकल्पद्रुमाङ्कुरे ।

निगमाः कोमला यत्र समौ संवादिवादिनौ ।
नावरोहे धैवतोऽसौ बहारः स्याद्वसन्तके ।।

—चन्द्रिकायाम् ।

विस्तरार्थ द्रष्टव्य पृ० ३०३-३०६

—०—

10. *RĀGA HIṆḌOLABAHĀRA*

Rāga Hiṇḍolabahāra is formed by combining two *rāgas* : *Hiṇḍola* and *Bahāra*. For the detailed description of *rāga Hiṇḍola* and *rāga Bahāra* please see pp. 267-270 and 303-306 respectively.

Rāga Hiṇḍola

Ārohāvarohasvarūpa

Āroha (Ascent)—S G, M' D N D, Ṡ.

Avaroha (Descent)—Ṡ, N D, M' G, S.

Pakaḍa (Initial phrase)—S, G, M' D N D M' G, S

———

Rāga Bahāra

Ārohāvarohasvarūpa

Āroha (Ascent)—N̤̲ S, G̲ M, P G̲, M, D, N Ṡ.

Avaroha (Descent)—Ṡ, N̲ P M P, G̲ M, R S.

Pakaḍa (Initial phrase)—M P G̲ M, D, N Ṡ

—o—

राग हिंडोलबहार—स्वर-विस्तार

१. सग, मंधनीध, सं, संनीप, मपगम, नीध नीसं, सं, नीध, मंग, स।

२. गस, ध़, स, मं़ध़स, गमंगस, मंग, धमं, धमं, नीध, सं, नीधनीसं, नीनीप, मपगम, नीधनीसं, संसं, नीनी, धध, मंमं, गग, स।

३. स, नी़ध़, मं़ध़स, ग, स, सगमंगस, मंगमंगस, नीमंधसं, नीधनीसं, गंमंरेंसं, नीनीधधनीनीसं, संसंनीनीप, मपगम, रेरेस।

४. स, सम, मपगम, नीनीप, मपगम, रेरेस, मपगम, नीप, मपगम, नीधनीसं, संसंनी, नीनीध, धधमं, मंमंग, गगस।

५. ससगग, मंमंधधनीनीधध, सं, संसंनीनीपप, ममपपगगमम, नीनीपप-मपगम, नीनीधधनीनीसंसं, संसंसंसं, नीनीनीनी, धधधध, मंमंमंमं, गगगग, ससस।

६. मंमंगमंमंगमंमंगस, नीनीधनीनीधनीनीधमंग, मंमंगंमंमंगंमंमंगंसं, नीनीधधनीनीसंसं, नीनीपपमपगम, संसंनीनीपपमपगम, पपगमरेरेसस।

७. ससस, गगगग, मंमंमंमं, धधधध, नीनीनीनी, धधधध, संसंसंसं, गंगंगंगं, मंमंमंमं, रेंरेंरेंरें, संसंसंसं, नीनीनीनीपपपप, ममममपपपप, गगगगमममम, रेरेरेरेससस ।

८. सगसगमंमं, गमंगमंधध, मंधमंधनीनी, नीनीधध, संसंसंसं, संसंमंमं-रेंरेंसंसं, नीनीधधनीनीसंसं, संसंनीनीपपपप, ममममपपपप, गगगग-मममम, रेरेरेरेसससस ।

९. सगसगसगमंमं, गमंगमंगमंधध, मंधमंधमंधनीनी, नीनीधधनीनीधध, संसंसंसंसंसंसंसं, संसंसंसंनीनीनीनी, नीनीनीनीपपपप, ममममपपपप, गगगगमममम, रेरेरेरेसससस ।

मंगगमंमंगगमंमंगगससस, मंमंगंगंमंमंगंगंमंमंगंगंसंसंसंसं, नीनीनीनीधधधधनीनीनीनीसंसंसंसं, संसंसंसंनीनीनीनीपपपपपपपप, ममममपपपपगगगगमममम, पपपपगगगगममममरेरेसस ।

—×—

११. राग ललित—शास्त्रीय: परिचय:

गीतान्तेऽसौ भवति ललितः कोमलेनर्षभेण
युक्तस्तीव्रैस्तु गमधनिभिः कोमलेनापि मेन ।
मांशः षड्जोऽत्र तु सहचरः पञ्चमो वर्ज्यतेऽस्मि-
स्तुर्ये यामे निशि सुमतिभिर्गीयते मङ्गलार्हः ॥

—रागकल्पद्रुमाङ्कुरे ।

मृद्व रिर्निधगास्तीव्रा मद्वयं पञ्चमो न हि ।
समसंवादिवादी च गीतान्ते ललितः शुभः ॥

—रागचन्द्रिकायाम् ।

निरी गमौ मधौ ममौ गमौ धनी सरी निधौ ।
मधौ ममौ गरी सश्च ललितो मध्यमांशकः ॥

—अभिनवरागमञ्जर्याम् ।

द्वै मध्यम कोमल रिखब पञ्चम सुर बरजोइ ।
सम संवादी-वादि तें ललित राग शुभ होइ ॥

—रागचन्द्रिकासारे ।

11. *RĀGA LALITA*

Rāga Lalita belongs to *thāṭa Māravā*. In this *rāga*, *Komala Ṛṣabha* and both the *Madhyamas* are used. *Pañcama* is avoided in both ascending and descending orders; thus its *jāti* (class) is *Ṣāḍava* (hexatonic). Its *vādī* (sonant) is *Śuddha madhyama* and *samvādī* (consonant) is *ṣaḍja*. The group of *Svaras* 'D M̍ D M̍' is frequently used in *rāga Lalita*. This is an *uttaraṅgapradhāna rāga*. The time of singing or playing *Lalita* is early morning (before sunrise). It is a very pleasant and popular *rāga*.

Ārohāvarohasvarūpa

Āroha (Ascent)—Ṇ R̲ G M, M̍ M G, M̍ D Ṡ.

Avaroha (Descent)—Ṙ N D, M̍ D M̍ G, M̍ R̲, S.

Pakaḍa (Initial phrase)—Ṇ R̲ G M, D M̍ D M̍ M, G.

—×—

राग ललित—स्वर-विस्तार

१. ऩीस, ऩी, ऩीधऩी, मंध, मंधस, ऩीरे, स, ऩीरेगम, गममंमग, रेग, मंग, ऩीरेग, म, मंमग, मंग, रेस, ऩीरेगम।

२. ऩीध, रेऩीध, मंधस, ऩीस, रेस, गरे, गम, रेगम, गम, मं, गम, मरेस, ऩीरेगम, मंम, धमंम, गम, मरेस, ऩीरेगम।

३. ऩीधऩी, धऩी, मंध, मंस, ऩीऩीरेरेगगमम, मंमग, रेग, रेस, ऩीरेगममंमग, मंध, धधमंमंग, रेरेग, मंमंग, रेरेस, ऩीरेगम।

४. स, ऩीऩीरेरेस, ऩीऩीरेरेगगरेरेस, ऩीऩीरेरेगगममममंमंममग, मंमंगगरेरेस, ऩीरेगममंमग, मरे, स, ऩीरेगममंमग, मंगमंगरेस, ऩीरेगमंधनीधमं, धमंमग, ममगगरेरेस, ऩीरेगम।

५. ऩीऩीरेरेसस, गगरेरेसस, गगममममंमंममगगरेरेसस, गगमंमंधधमंमं-गगरेरेसस, गगमंमंधधनीनीधधमंमंममरेरेसस, गगमंमंधधनीनीरेंरें-नीनीधधमंमंममगगरेरेसस, ऩीरेगम।

६. ऩीरेऩीरेग, रेगरेगमं, गमंगमंध, मंधमंधसं, रेंरेंनीनीध, मंमंधधमं, गगममग, मंमंगगरे, गगरेरेस, ऩीऩीरेरेगगमंमंधधनीनीरेंरेंनीनीधध-मंमंममगगरेरेसस, ऩीरेगम।

७. मंमंगमंमंगमंमंगरेस, नीनीधनीनीधनीनीधमंगरेस, गंगंरेंगंगरेंगंगरेंसं-

नीधमंगरेस, नीरेगममंमगग, मंमंधधसं, रेंरेंनीनीध, मंमंधधमंमंग, ममरे,

नीरेस, नीरेगम।

८. नीनीरेरेगगमंमंगगरेरेस, नीनीरेरेगगममधधमंमंगगमंमंगगरेरेस,

नीनीरेरेगगमंमंनीनीधधमंमंगगमंमगगरेरेस, नीरेगमंधनीरेंगंमंगंरेंसंनी

धमंमग, मंगरेस, नीरेगम।

९. सं, नीनीसं, मंमंधधसं, नीनीरेरेगगमंमंधधमंमंधधसं, नीनीरेंरेंसं,

गंगंरेंरेंसं, रेंरेंसं, नीनीरेंरेंनीनीध, मंमंध, मंमंममग, मंगरेस, नीरेगम।

१०. नीरेंसं, नीरेंगंमं, मंमंगं, मंगंरेंसं, नीरेंसं, रेंनीध, मंधमंध, सं,

रेंरेंनीनीध, मंमंधधमंमंग, ममरे, स, नीरेगम।

—×—

१२. राग वृन्दावनीसारङ्ग–शास्त्रीयः परिचयः

सारङ्गो धगवर्जितो मृदुर्मनिस्तीव्रर्षभः पञ्चमः
संवादी किल वाद्यपीह ऋषभोऽसौ मध्यमादिर्मतः ।
नारोहे यदि धो भवेदिह तदा शुद्धोऽवरोहे तु धे
वृन्दावन्यपि तीव्रनिर्भवति वै गेयस्तु मध्येऽहनि ॥

—रागकल्पद्रुमाङ्कुरे ।

यदा तीव्रो निषादः स्यादारोहे न च धैवतः ।
तदा सारङ्गरागोऽयं वृन्दावन्यभिधीयते ॥

—रागचन्द्रिकायाम् ।

निसौ रिमौ पनी सश्च निपौ मरी तथा च सः ।
अगधा निद्वयार्य्यंशा वृन्दावनी मता दिने ॥

—अभिनवरागमञ्जर्याम् ।

जब तीखो हि निखाद है चढ़ते धैवत नाहिं ।
तब यह सारङ्ग रागहि बिंद्राबनी कहाइ ॥

—रागचन्द्रिकासारे ।

12. *RĀGA VṚNDĀVANĪSĀRAṄGA*

Rāga Vṛndāvanīsaraṅga belongs to the *thāṭa Kāfī*. *Gāndhāra* and *dhaivata* are avoided in both ascending and descending orders; thus its *jāti* (class) is *Auḍuva* (Pentatonic). Both the *niṣādas* are used in this *rāga*; *śuddha niṣāda* is ascending and *komala niṣāda* in descending order. Its *vādī* (sonant) is *ṛṣabha* and *saṃvādī* (consonant) is *pañcama*. The time of its performance is midday. It is a very simple and popular *rāga*.

Ārohāvarohasvarūpa

Āroha (Ascent)—Ṇ S, R, M P, N Ṡ.

Avaroha (Descent)—Ṡ N P, M R, S.

Pakaḍa (Initial phrase)—Ṇ, S R, M R, P M R, S.

—×—

राग वृन्दावनीसारङ्ग–स्वर-विस्तार

१. स, नीस, पनीस, नीस, रे, मरे, पमरेस, नीसरेमप, मप, नीपमरे, मपनीपमरे, नीपमरे, पमरे, रे, स।

२. स, नीस नीनीप, नीस, मपनीस, नीसरे, ममरे, पमरे, नीनीपमरे, संनीपमरे, पम, रेरेस।

३. सस, सरेसस, सरेमरेसस, सरेमपमरेसस, सरेमपनीनीपमरेरेसस, सरेमपनीसंरेंसंनीनीपमरेरेसस, सरेमपनीसंरेंमंरेंसंनीनीपमरेरेपम-रेरेसस।

४. नीसरेरे, सरेमम, रेमपप, मपनीनी, पनीसंसं, नीसंरेंरें, संरेंमंमं, पंपंपंपं, मंमंमंमं, रेंरेंरेंरें, संसंसंसं, नीनीनीनी, पपपप, मममम, रेरेरेरे, ससस।

५. नीसनीसरेरे, सरेसरेमम, रेमरेमपप, मपमपनीनी, पनीपनीसंसं, नीसंनीसंरेंरें, सरेंसरेंमंमं, रेंमंरेंमंपंपं, पंमंमंमं, मंरेंरेंरें, रेंसंसंसं, संनीनीनी, नीपपप, पममम, मरेरेरे, रेससस।

६. ऩीसऩीसऩीसरेरे, सरेसरेसरेमम, रेमरेमरेमपप, मपमपमपनीनी, पनीपनीपनीसंसं, नीसंनीसंनीसंरेंरें, संरेंसंरेंसंरेंमंमं, रेंमंरेंमंरेंमंपंपं, मंपंपं, रेंमंमं, संरेंसंरेंसंरेंमंमं, रेंमंरेंमंरेंमंपंपं, मंपंपं, रेंमंमं, संरेंरेंरें, नीसंसंसं, पनीनीनी, मपपप, रेममम, सरेरेरे, ऩीससस ।

८. सरेरेसरेरेसरे, रेममरेममरेम, मपपमपपमप, पनीनीपनीनीपनी, नीसंसंनीसंसंनीसं, संरेंरेंसंरेंरेंसंरें, रेंमंमंरेंमंमंरेंमं, मंपंपंमंपंपंमंपं, पंपंपंपंपंपंमंरें, मंमंमंमंमंमंरेंसं, रेंरेंरेंरेंरेंरेंसंनी, संसंसंसंसंसंनीप, नीनीनीनीनीनीपम, पपपपपपमरे, ममममममरेस ।

८. सरेरेरेसममम, रेमममरेपपप, मपपपमनीनीनी, पनीनीनीपसंसंसं, नीसंसंसंनीरेंरेंरें, संरेंरेंरेंसंमंमंमं, रेंमंमंमंरेंपंपंपं, संरेंरेंरेंसंरेंरेंरेंसंमंमंमं, नीसंसंसंनीरेंरेंरें, पनीनीनीपसंसंसं, मपपपमनीनीनी, रेमममरेपपप, सरेरेरेसममम, रेरेरेरे, सससस ।

९. पंपंपंपंमंपंमंरें, मंमंमंमंरेंमंरेंसं, रेंरेंरेंरेंसंरेंसंनी, संसंसंसंनीसंनीप, नीनीनीनीपनीपम, पपपपमपमरे, ममममरेमरेस, रेरेरेरेसससस, ममममरेरेरेरे, पपपपमममम, नीनीनीनीपपपप, संसंसंसंनीनीनीनी, रेंरेंरेंरेंसंसंसंसं, संसंनीनीपपममरेरेसस ।

१०. संसंसंसंनीनीसंसं, पपनीनीसंसंसंसं, ममपपनीनीसंसं, रेरेमपनीनीसंसं, सरेमपनीनीसंसं, ऩीसरेमपनीसंसं, मपनीसंरेंरेंरेंरें, नीसंरेंमंपंपंपंपं, पंपंपंपंमंपंमंरें, मंमंमंमंरेंमंरेंसं, रेंरेंरेंरेंसंरेंसंनी, संसंसंसंनीसंनीप, नीनीनीनीपनीपम, पपपपमपमरे, ममममरेमरेस ।

—×—

१३. राग भीमपलासी—शास्त्रीयः परिचयः

प्रोक्ता भीमपलाशिका गमनिभिर्या कोमलैर्मण्डिता
प्रारोहे रिधवर्जिता प्रकथिता पूर्णावरोहे पुनः ।
वादी मध्यम ईरितो भवति संवादी तु षड्जस्वरो
यामे चेह तृतीयकेऽह्नि बुधैर्गीता मनोज्ञस्वरैः ॥

—रागकल्पद्रुमाङ्कुरे ।

मनी तु कोमलौ गोऽपि समौ संवादिवादिनौ ।
आरोहे न रिधौ साऽपराह्णे भीमपलाशिका ॥

—रागचन्द्रिकायाम् ।

निसौ मगौ मपनिसा निधौ पमौ गरी च सः ।
पलासी भीमपूर्वा स्यान्मध्यमांशाऽपराह्णगा ॥

—अभिनवरागमञ्जर्याम् ।

तीखे रिध कोमल गमनि आरोहत रिधहीन ।
सम संवादी वादितें भीमपलासी चीन्ह ॥

—रागचन्द्रिकासारे ।

13. *RĀGA BHĪMAPALĀSĪ*

This *rāga* is known by a number of names i.e. *Bhīmapalāśī*, *Bhīmapalāśikā* and *Bhīmapalāśrī*. *Rāga Bhīmapalāsi* originates from the *thāṭa Kāfī*. *Ṛṣabha* and *dhaivata* are avoided in ascending order; thus its *jāti* (class) is *Auḍuva-sampūrṇa* (Pentatonic-heptatonic). In this *rāga*, *komala gāndhāra* and *komala niṣāda* are used. Its *Vādī* (sonant) is *madhyama* and *Saṁvādi* (consonant) is *ṣaḍja*. The time of its singing or playing is third quarter of the day. This is a very simple and popular *rāga*.

Ārohāvarohasvarūpa

Āroha (Ascent)—N̠ S G̠ M, P N̠ Ṡ.

Avaroha (Descent)—Ṡ N̠ D P M, G̠ R S.

Pakaḍa (Initial phrase)—N̠ S M, M G̠, P M, G̠, M G̠ R S.

—×—

राग भीमपलासी—स्वर-विस्तार

१. नीस, म, पग, मप, गम, मगरेस, नीस, गरेस, नीस, गमपनीधप, नीस-
गमपनीधप, नीधप, मप, गम, पग, मगरेस, नीस, गरेस ।

२. स, नीस, पनीस, मपनीस, पनीस, नीस, मगरेस, नीसगमप, गमपनीधप,
मपगम, पगमगरेस, नीधपमपगमगरेस, नीसमगरेस ।

३. नीसग, सगम, गमप, मपनी, पनीसं, पनीपनीसं, पनीसंनीधप, नीधप,
मपगम, गमपग, मगरेस, नीधपमगरेस, संनीधपमगरेस, नीसगरेस ।

४. नीसगग, सगमम, गमपप, मपनीनी, पनीसंसं, नीसंगंगं, संगंमंमं, गंगंगंगं,
रेंरेंरेंरें, संसंसंसं, नीनीनीनी, धधधध, पपपप, मममम, गगगग, रेरेरेरे,
ससससस ।

५. नीसनीसगग, सगसगमम, गमगमपप, मपमपनीनी, पनीपनीसंसं,
नीसंनीसंगंगं, संगंसंगंमंमं, गंमंगंमंपंपं, पंपंपंपं, मंमंमंमं, गंगंगंगं,
रेंरेंरेंरें, संसंसंसं, नीनीनीनी, धधधध, पपपप, मममम, गगगग, रेरेरेरे,
ससससस ।

६. नीसनीसनीसगग, सगसगसगमम, गमगमगमपप, मपमपमपनीनी,
पनीपनीपनीसंसं, नीसंनीसंनीसंगंगं, संगंसंगंसंगंमंमं, गंमंगंमंगंमंपंपं,
पंपंमंमंगंगंरेंरें, संसंनीनीधधपप, ममगगरेरेसस ।

७. नीससनीससनीस, सगगसगगसग, गममगममगम, मपपमपपमप,
पनीनीपनीनीपनी, नीसंसंनीसंसंनीसं, गंगंगंगं, रेंरेंरेंरें, संसंसंसं,
नीनीनीनी, धधधध, पपपप, मममम, गगगग, रेरेरेरे, ससस स।

८. नीसमगरेस, नीसमगमगरेस, नीसगमपगमगरेस, नीसगमपनीधपमपगम-
गरेस, नीसगमपनीसंसं, नीसगमपनीसंसंनीधपमगरेसस, नीसगमपनीसं-
गंरेंसंनीधपमगरेसस ।

९. नीससस, सगगग, गममम, मपपप, पनीनीनी, नीसंसंसं, संसंसं,
नीनीनी, पपप, धधध, ममम, गगग, रेरेरे, ससस, गंगंगं रेंरेंरें,
संसंसं, नीनीनी, धधध, पपप, ममम, गगग, रेरेरे, ससस ।

१०. संसं, नीनीसंसं, पपनीनीसंसं, ममपपनीनीसंसं, गगममपपनीनीसंसं,
नीनीससगगममपपनीनीसंसं, गंगंगंगं, रेंरेंरेंरें, संसंसंसं, नीनीनीनी,
धधधध, पपपप, मममम, गगगग, रेरेरेरे, ससस स।

—×—

१४. राग यमन—शास्त्रीयः परिचयः

कल्याणो यमनो विभाति सकलैस्तीव्रस्वरैर्मण्डितः
गान्धारः कथितोऽत्र वाद्यथ च संवादी निषादः स्वरः ।
शेषाः स्युस्त्वनुवादिनः क्वचिदिह स्यान्मध्यमः कोमलः
गेयो रात्रिमुखे मनीषिभिरसौ सम्पूर्णरागाग्रणीः ॥

—रागकल्पद्रुमाङ्कुरे ।

यत्र सर्वे स्वरास्तीव्रा वादिसंवादिनौ गनी ।
निशामुखे तु यमनः क्वचित्कोमलमध्यमः ॥

—चन्द्रिकायाम् ।

गरी निरी सगौ रिगौ पमौ गरी परी च सः ।
इतीमनो भवेद्गांशो रात्र्यां प्रथमयामके ॥

—अभिनवरागमञ्जर्याम् ।

सबही तीवर सुर जहाँ वादि गन्धार सुहाय ।
अरु संवादि निखाद तें ईमन राग कहाय ॥

—चन्द्रिकासारे ।

14. *RĀGA YAMANA*

Rāga Yamana belongs to the *thāṭa Kalyāṇa*. All the *svaras* are used in this *rāga*. Therefore, its *jāti* (class) is *Sampūrṇa* (heptatonic). In this *rāga*, *tīvra madhyama* is used, rest of the *svaras* are all *śuddha*. Its *Vādi* (sonant) is *gāndhāra* and *Samvādi* (consonant) is *niṣāda*. The time of its performance is first quarter of night. This is a very simple and easy *rāga*, therefore, students of music are taught *yamana* as first *rāga* of their training. This is a very popular and pleasant *rāga*. Adept musicians, sometimes, use *śuddha madhyama* a little in this *rāga*, then it becomes *Yamana Kalyāṇa*.

Ārohāvarohasvarūpa

Āroha (Ascent)—S R G, M' P, D N Ṡ.

Avaroha (Descent)—Ṡ N D, P, M' G, R S.

Pakaḍa (Initial phrase)—Ṇ R G R, S, P M' G, R S.

—×—

राग यमन—स्वर-विस्तार

१. ऩीरेस, ऩीरेग, रेस, ऩीध़, प़, ध़ऩी, रे, ऩीध़, प़, प़ध़ऩी, ध़ऩी, रे, गरे, ऩीरे, ऩीरेग, रे, ऩीरे, स।

२. स, ऩी, रे, स, ऩी, ध़, प़, ऩीध़, ऩीरे, ग, गरे, ऩीरेग, म॑म॑ग, ऩीरेगरे, गम॑प, पम॑ग, रे, गम॑प, रेग, रे, ऩीरेस।

३. ऩीरेग, रेग, ऩीरेगम॑रेग, ऩीरेगरे, नीरेगम॑धनी, म॑धनी, धनी, रेंसं, नीधप, पम॑ग, रेग, ध़ऩीरेस।

४. स, सरेस, सरेगरेस, सरेगम॑गरेस, सरेगम॑पम॑गरेस, सरेगम॑पधपम॑गरेस, सरेगम॑पधनीधपम॑गरेस, सरेगम॑पधनीसंनीधपम॑गरेस, सरेगम॑पधनीरेंसं-नीधपम॑गरेस।

५. ऩीरेगम॑धनी, म॑धनी, धनी, धनी, रेंसं, नीरेंसं, नीरेंगंरेंसं, नीरेंसं, नीध, नीधप, पम॑ग, रेग, रेस, ध़ऩीरेस।

६. ऩीरेस, ऩीरेगरेस, ऩीरेगमंगरेस, ऩीरेगमंपमंगरेस, नीरेगमंपधपमंगरेस,

ऩीरेगमंपधनीधपमंगरेस, ऩीरेगमंपधनीसंनीधपमंगरेस ।

७. सग, मंग, रेग, पमंग, धपमंग, नीधपमंग, संनीधपमंग, रेंसंनीधपमंग,

गंरेंसंनीधपमंग, रेग, मंग, प, मंग, रेग, रेस, ऩीरेस ।

८. ऩीरेगमंप, गमंप, गमंगप, गमधप, नीध, नीधप, सं, संनीधप, नीध,

नीधप, रेंसं, नीधप, पमंग, रेग, रेस, धऩीरेस ।

९. गग, रेरे, स, पधप, पमंगरेस, पधप, सं, नीरेंगंरेंसं, नीरेंसं, गंरेंसं, रेंसं,

नीधप, पमंग, रेरेग, रे, ग, रे, ऩीरेस ।

१०. सप, पमंग, पग, मंधप, पधप, सं, नीध, नीधप, रेंसं, नीधनीधप, गंरेंसं,

नीधनीधप, पमंपमंग, रेरेस, रेस, धऩीरेस ।

—×—

१५. राग रामकली—शास्त्रीयः परिचयः

रागो रामकली तु यत्र रिमधाः स्युः कोमला धैवतो
वादी रिस्तदमात्य ईरित इहारोहे मनी वर्जितौ ।
सम्पूर्णं त्ववरोहणं निगदितं कैश्चिन्निषादद्वयं
प्रत्यूषे मधुरस्वरं सुमतयो गायन्ति यं गायकाः ॥

—रागकल्पद्रुमाङ्कुरे ।

धवादिनी रिसंवादिन्यथो रिमधकोमला ।
मनिसंवर्जिताऽऽरोहे प्रोक्ता रामकली बुधैः ॥

—रागचन्द्रिकायाम् ।

सगमपा धपौ मपौ धनी धपौ गमौ रिसौ ।
भैरवाङ्गसमापन्ना रामक्री पञ्चमांशिका ॥

—अभिनवरागमञ्जर्याम् ।

भैरव-सी है रामकली, बरजे म-नि आरोहि ।
औडव-सम्पूरन कही सम्पूरन अवरोहि ॥

—रागचन्द्रिकासारे ।

15. *RĀGA RĀMAKALĪ*

Rāga Rāmakalī is sometimes called *Rāmakrī*, *Rāmakiri* and *Rāmakriyā* also. *Rāga Rāmakalī* belongs to the *thāṭa Bhairava*. Many forms of this *rāga* are found. The most popular form of this *rāga* is being described here. *Komala dhaivata*, both the *Madhyamas* and both the *niṣādas* are used in *Rāmakalī*. According to the *Śāstra-niyama*, *madhyama* and *niṣāda* are avoided in ascending order; thus its *jāti* (class) is *Auḍuva-Sampūrṇa* (pentatonic-heptatonic). But according to the popular form of this *rāga*, *Ṛṣabha* is avoided in ascending order. Its *vādī* (sonant) is *Dhaivata* (according to some musicians, its *vādī* (sonant) is *Pañcama*) and *samvādī* (consonant) is *Ṛṣabha*. The group of *Svaras*—M̍ P D̠ N̠ D̠ P, G, M G, R̠ S is frequently used in *Rāmakalī*.

Ārohāvarohasvarūpa

Āroha (Ascent)—S G, M P, D̠, N Ṡ.

Avaroha(Descent)—Ṡ N D̠, P, M̍ P D̠ N̠ D̠, P G, M R̠ S.

Pakaḍa (Initial phrase)—D̠ P, M̍ P, D̠ N̠ D̠ P G, M, R̠ S.

—×—

राग रामकली—स्वर-विस्तार

१. स, धस, रेस, ग, गमग, मप, रे, स, गमग, मप, गमग, स, पग, मप, गमग, रे, स ।

२. सग, मप, पध, पग, धप, ग, पग, मप, गमग, सगमप, पध, प, नीध, प, पग, म, धप, ग, मप, गमग, रे, स ।

३. स, धस, रेस, गरेस, मगरेस, पगमग, गमग, रे, स, धप, नीधपमंपग, म, संनीध, प, धप, धनीधप, गम, धप, गमग, रे, स ।

४. स, रेस, गमरेस, मगरेस, गमपमरेस, स, धपमंपगमरे, स, संनीधपमंप-मगमरेस, संसंरेंरेंसंसंनीनीधधपप, मंमंपपधधनीनीधधपपमंमंपप, ममगगममरेरेसस, गगममगगरेरेसस ।

५. पपमंमंप, धधपपमंमंप, धधनी, धधपपमंमंप, गगममप, संसंनीनीधध-पपमंमंप, धधनीनीसंसंरेंरेंसंसं नीनीधधनीनीधधप, मंमंप, गगम, रेरेस ।

६. पपपपध, धधधधसं, नीनीनीनीसं, धधधधसं, नीनीनीनीसं, रेंरेंरेंरेंसं, नीनीनीनीसं, धधधधप, ममममप, पपपपध, संसंसंसंसं, धधनीनीपपधध-मंमंप, गगगगम, पपपपग, ममममरे, रेरेरेरेस ।

७. ससरेरेससनीनीधधपप, संसंरेंरेंसंसंनीनीधधपप, गंगंरेंरेंसंसंनीनीधधपप, गंगंमंमंपंपंमंमंगंगंरेंरेंसंसंनीनीधधपप, संसंनीनीधधपपममगगरेरेसस, नीनीससगगममप ।

८. सगसगसगगग, मपमपमपपप, पधपधपधधध, धनीधनीधनीनीनी, नीसंनीसंनीसंसंसं, संसंसंसं, नीनीनीनी, धधधध, पपपप, मंमंमंमं, पपपप, धधधध, नीनीनीनी, धधधध, पपपप, गगगग, मममम, रेरेरेरे, ससस ।

९. धधपपमंमंपप, धधनीनीधधपप, संसंनीनीधधपप, धधनीनीधधपप, गगममरेरेसस, संनीनीनी, नीधधध, धपपप, मंपपप, धनीनीनी, धपपप, गममम, रेससस ।

१०. ससससरेंससस, संसंसंसंरेंसंसंसं, गंरेंरेंगंरेंसंसं, गंमंमंमंरेंसंसंसं, पंमंमंमंगंरेंसंसं, संनीनीनीधपपप, धनीनीनीधपपप, गममममपपप, मममम, रेरेरेरे, रेरेरेरेससससस ।]

—×—

१६. राग वसन्त–शास्त्रीयः परिचयः

वसन्ततो गेयो मृद्वृलऋषभस्तीव्रसकलः
पहीनो मद्वन्द्वः समगपुनरावृत्तिरुचिरः ।
सवादी मामात्योऽप्यहनि निशि चाव्याहतगतिः
स्थितस्तारे षड्जे स जगति वसन्तो विजयते ॥

—रागकल्पद्रुमाङ्कुरे ।

मृदू रिरितरे तीव्राः पवर्ज्यश्च द्विमध्यमः ।
षड्जवादी मसंवादी वसन्ततौ वसन्तकः ॥

—रागचन्द्रिकायाम् ।

सगौ मधौ रिसौ रिश्च निधौ पमौ गमौ च गः ।
निमौ गमौ गरी सश्च वासन्ती सांशिका निशि ॥

—अभिनवरागमञ्जर्याम् ।

पूर्वीमेलसु सञ्जातो वसन्ताख्यो बुधैर्मतः ।
सम्पूर्णस्तारषड्जांशो वसन्ततौ सुखप्रदः ॥
मगयोः पुनरावृत्त्या विशिष्टां रक्तिमावहेत् ।
परजस्य विभिन्नत्वं तत्रैव प्रकटीभवेत् ॥
रागेऽस्मिन् गायनैः प्रायो ललिताङ्गं प्रदर्श्यते ।
यतः स्यात्सुलभं तेन रागस्यास्य प्रभेदनम् ॥

—लक्ष्यसङ्गीतशास्त्रे ।

दो मध्यम कोमल रिखब चढत न पञ्चम कीन्ह ।
समवादीसंवादितें यह वसन्त कह दीन्ह ॥

—रागचन्द्रिकासारे ।

16. *RĀGA VASANTA*

Rāga Vasanta is a seasonal rāga that can be performed at all times during the Spring season. *Rāga Vasanta* belongs to *thāṭa Pūrvī*. *Komala ṛṣabha* and *dhaivata* and both the *madhyamas* are used in this *rāga*. Two forms of this *rāga* are popular. In its first form, both the *madhyamas* and *tīvra dhaivata* are used avoiding *pañcama*. In other form, pañcama is used in descending order. Its *Vādī* (sonant) is *tāra ṣaḍja* and *Samvādī* (consonant) is *pañcama* (or *Śuddha madhyama*). When performed during spring season, *rāga vasanta* expresses the feminine aspect of spring. This is a very pleasant *rāga* expressive of gentle mood, tenderness and charm. According to *Śāstras*, time of its performance is late night.

Ārohāvarohasvarūpa

Āroha (Ascent)—S, G, M̍ D̲, Ṙ̲ Ṡ.

Avaroha (Descent)—Ṙ̲ N D̲ P, M̍ G, M̍ G, M̍ D̲ M̍ G, R̲ S.

Pakaḍa (Initial phrase)--M̍ D̲, Ṙ̲ Ṡ, Ṙ̲ N D̲ P, M̍ G, M̍ G,

—×—

राग वसन्त–स्वर-विस्तार

१. नीस, सग, मंग, मंग, रेसं, रेंनीधप, मंगमंग, मंधमंग, मंधनीधमंग, मंधमंग, मंगरेस, रेस।

२. स, रेस, सग, मंग, मंधसं, मंधरेंसं, नीध, नीधप, मंग, नी, मंग, मंगरेस, सम, मंमग, नीधप, मंग, मंगरेस।

३. सग, मंग, मंगरेस, मंधसं, नीधप, मंध, रेंसं, मंधनीधप, धप, मंग, मंग, नीधमंग, मंगरेस।

४. मंगरेस, धप, मंग, मंगरेस, नीधप, मंगमंग, रेंनीधप, मंगमंग, नीनीधप, मंग, मंग, मंगरेस।

५. मंधसं, मंधरेंसं, नीधरेंनीधप, प, मंग, मंग, गमं, गमंधगमंगरेस, सगमंधसं, मंधरेंसं, मंधसं, नीधप, मंगरेस।

६. मंमंगगरेरेस, धधपपमंमंगगरेरेस, नीनीधधपपमंमंगगरेरेस, संसंनीनी-धधपपमंमंगगरेरेस, गंगंरेंरेंसंसंनीनीधधपपमंमंगगरेरेस, मंमंगंगंरेंरें-संसंनीनीधधपपमंमंगगरेरेस।

७. मंमंगमंमंगमंमंगरेस, नीनीधनीनीधनीनीधपमंगरेस, मंमंगमंमंगं-
मंमंगंरेंसंनीधपमंगरेस, ऩीनीरेरेगगमंमंधधसं मंमंधधरेंरेंसं ।

८. मंमंधधसं, नीनीरेंरेंसं, गंगंरेंरेंसं, नीनीरेंरेंगंगंमंमंगंगंमंमंगंगंरेंरेंसं,
मंमंगंगंरेंरेंसं, रेंरेंसं, नीनीरेंरेंनीनीधधप, मंमंधधनीनीरेंरेंनीनीधधप,
मंमंगगमं, गगरेरेस ।

९. सं, नीनीधध, धधनीनीधध, मंमंधधसं, नीनीधध, मंमंधधरेंरेंसं,
रेंरेंनीनीधधप, नीनीधधप, मंमंग, मंमंग, रेरेस ।

१०. सं, मंमंधधसं, ससगगमंमंधधसं, ससगगमंमंधधरेंरेंसं, रेंरेंनीनीधधप,
मंमंगगमंमंग, मंमंधधसं, मंमंगंगंरेंरेंसं, मंमंगगरेरेस ।

१७. राग बहार–शास्त्रीयः परिचयः
राग बहार–स्वर-विस्तार

द्रष्टव्य पृ० ३०३-३०६

Please see pp. 303-306

१८. राग वसन्तबहार—शास्त्रीयः परिचयः

राग वसन्त

वसन्ततौं गेयो मृदुलऋषभस्तीव्रसकलः
पहीनो मद्वन्द्वः समगपुनरावृत्तिरुचिरः ।
सवादी मामात्योऽप्यहनि निशि चाव्याहतगतिः
स्थितस्तारे षड्जे स जगति वसन्तो विजयते ॥

रागकल्पद्रुमाङ्कुरे ।

मृदू रिरितरे तीव्राः पवर्ज्यश्च द्विमध्यमः ।
षड्जवादी मसंवादी वसन्ततौं वसन्तकः ॥

—रागचन्द्रिकायाम् ।

विस्तरार्थं द्रष्टव्य पृ० ३३५-३३८

राग बहार

बहाररागो निगमैस्तु कोमलै-
रस्मिन् समौ संवदतः परस्परम् ।
आरोहणे रिर्न न धोऽवरोहणे
ऋतौ वसन्ते गुणिभिः स गीयते ॥

—रागकल्पद्रुमाङ्कुरे ।

निगमाः कोमला यत्र समौ संवादिवादिनौ ।
नावरोहे धैवतोऽसौ बहारः स्याद्वसन्तके ॥

—रागचन्द्रिकायाम् ।

विस्तरार्थं द्रष्टव्य पृ० ३०३-३०६

18. *RĀGA VASANTABAHĀRA*

Rāga Vasantabahāra is formed by combining two *rāgas* : *Vasanta* and *Bahāra*. Both these are the seasonal *rāgas* and can be performed at all times during the Spring season. *Rāga Vasantabahāra* is a very appealing and pleasant *rāga*.

For details please see pp. 335-338 & 303-306

RĀGA VASANTA

Ārohāvarohasvarūpa

Āroha (Ascent)—S G, M' D̲, Ṙ̲ Ṡ.

Avaroha (Descent)—Ṙ̲ N D̲ P, M' G, M' G, M' D̲, M' G, R̲ S.

Pakaḍa (Initial phrase)—M' D̲ Ṙ̲ Ṡ, Ṙ̲ N D̲ P, M' G, M' G.

RĀGA BAHĀRA

Ārohāvarohasvarūpa

Āroha (Ascent)—N̲̣ S, G̲ M, P G̲, M, D, N Ṡ.

Avaroha (Descent)– Ṡ, N̲ P M P, G̲ M, R S.

Pakaḍa (Initial phrase)—M P G̲ M, D, N S.

—×—

राग वसन्तबहार—स्वर-विस्तार

१. सग, मंध, रें, सं, रें, नीध, प, मंग, मंग, मंधमंग, रेस, सम, मपगम, नीध, नीधनीसं, संनीप, मपगम, रेस।

२. मंध, रें, सं, रेंनीधप, मंग, मंग, मंध, रें, सं, नीधनीसं, नीनीप, मपगम, रेरेस, सम, मंमग, मंधरेंसं, रेंनीधप, मंग, मंगरेस।

३. नीस, ग, मंग, मंधरेंसं, रेंसं, नीध, प, मंग, मंग, गमंधगमंग, मंगरेस, सम, मपगम, नीप, नीपमप, गमरेस, मंधरेंसं, मंगरेस।

४. सम, मंमग, मंगरेस, मंधरेसं, मंगं, मंगंरेंसं, मंधरेंसं, नीधनीसं, गंमंरेंसं, नीनीप, मपगम, नीप, मंधरेंसं, नीधनीसं, नीनीप, मपगम, रेरेस।

५. सग, मंधसं, मंधनीधप, धप, मंगमंग, नीधमंग, मंगरेस, नीसम, मंमग, गमंधसं, गमंधरेंसं, रें, सं, नीनीप, मप, मपगम, रेरेस, नीधनीस।

६. सं, नीध, मंधसं, मंधरेंसं, नीधसं, मंधसं, गमंधनीरेंसं, नीरेंगं, मंगं, मंगंरेंसं, मंमंगंगंरेंरेंसं, नीनीधधनीनीसं, नीनीप, मपगम, नीप, मपगम, रेरेस, नीधनीसं।

७. मंगरेस, नीधप, मंगमंगरेस, धप, मंगमंगरेस, रेंनी, रेंनीधप,

मंगमंगरेस, मंगंमंगरेंसं, नीधप, मपगम, नीनीप, मपगम, रेरेस,

सम, मंमग, नीधप, मंग, मंगमंगरेस ।

८. ससगग, मंमंधध, रेंरेंसंसं, रेंरेंनीनी, धधपप, मंमंगग, मंमंगग, मंमंधध,

मंमंगग, मंमंगग, रेरेसस, ससमम, ममपप, गगमम, नीनीपप, ममपप,

गगमम, रेरेसस, नीनीधध, नीनीसस ।

९. सगगग, मंधधध, रेंसंसंसं, रेंनीनीनी, धपपप, मंगगग, मंगगग, मंमंधध-

मंमंगग, मंमंगगरेरेसस, ससममंमंममगग, नीनीपपमपगम, नीनीधध-

नीनीसंसं, गंगंमंमंरेंरेंसंसं, गगममरेरेसस ।

१०. सगगसगगसग, गमंमंगमंमंगमं, मंधधमंधधमंध, रेंनीनीरेंनीनीरेंनी,

धपपधपपधप, मंगगमंगगमंग, मंधधमंधधमंध, मंगगमंगगमंग,

रेससरेससरेस, ससममपगम, नीनीपपमपगम, पपगमरेरेसस,

गंगंमंमंरेंरेंसंसं, गगममरेरेसस ।

—×—

१६. राग रागेश्वरी——शास्त्रीयः परिचयः

रागेश्वर्यपि पञ्चमेन रहिता खंमाजसंस्थानजा
प्रारोहे ऋषभं न संस्पृशति धो वक्रोऽवरोहे मतः ।
षड्जो वाद्यथ मध्यमेन सततं संवादिता रोचते
यामिन्यां प्रहरात्परं सुमतिभिर्मञ्जुस्वरं गीयते ॥

—रागकल्पद्रुमाङ्कुरे ।

रिसौ निधौ समौ गश्च मधौ निधा मगौ रिसौ ।
रागेश्वरी मता तज्ज्ञैर्गांशिका रात्रिगोचरा ॥

—अभिनवरागमञ्जर्याम् ।

मनि कोमल पञ्चम नहीं धग संवाद सुहाइ ।
चढ़ते रिखब न लगत है रागेसरी कहाई ॥

—चन्द्रिकासारे ।

19. *RĀGA RĀGEŚVARĪ*

Rāga Rāgeśvarī originates from *thāṭa Khammāja*. In this *rāga* both the *niṣādas* are used. *Ṛṣabha* is avoided in ascending and *pañcama* is avoided in both the orders; thus its *jāti* (class) is *auḍuva-ṣāḍava* (Pentatonic-hexatonic). Its *Vādī* (sonant) is *gāndhāra* and *Samvādī* (consonant) is *niṣāda*. The time of singing or playing this *rāga* is second quarter of the night. In this *rāga*, the use of the phrase 'DM' is very appealing, We get the description of a *rāga* named *Nāṭakarañjika* in a book entitled *Rāgalakṣaṇa* (belonging to Carnatic tradition) which resembles *rāga Rāgeśvarī*.

Ārohāvarohasvarūpa

Āroha (Ascent)—S G, M D N Ṡ.

Avaroha (Descent)—Ṡ N̲ D M G R S.

Calana (Usage)

S, R S, N̲̣ D Ṇ S, M G, M D, N̲ D, M G, M G, S R S, G M D,

N Ṡ, Ṁ G, Ṙ Ṡ, N̲ D, M D, N̲ D, M G, R, S, N̲̣ Ḍ, S.

—×—

राग रागेश्वरी—स्वर-विस्तार

१ स, रेसनी॒ध॒, नी॒स, म, मग, नी॒समग, मधमग, मग, मगरेस,
रेसनी॒ध॒नी॒स, मगमग, मधमग, मगमगरेस ।

२. नी॒ध॒नी॒स, स, रेस, नी॒ध॒नी॒स, मग, मधमग, मध, नी॒ध, गग, मग,
गमध, नीसं, नी॒ध, मध, नी॒ध, मग, रेस, नी॒ध॒स ।

३. ससरेरेसस, नी॒नी॒ध॒ध॒नी॒नी॒सस, ममगग, ममधधममगग, नी॒नी॒धध,
गगगग, ममगग, ससरेरेसस, ममगगरेरेसस, नी॒नी॒ध॒ध॒, सससस ।

४. ससससगगगग, ममममधधधधनीनीनीनीसंसंसंसं, संसंसंसं, नी॒नी॒नी॒नी॒,
धधधध, मममम, गगगग, रेरेरेरे, सससस ।

५. गगगगमममम, धधधधमममम, धधधधनी॒नी॒नी॒नी॒, धधधधधमममम,
गगगगममममधधधध, संसंसंसंनी॒नी॒नी॒नी॒धधधध, नी॒नी॒नी॒नी॒धधधध-
मममम, गगगगरेरेरेरेसससस ।

६. ममगगममधध, नीनीनीनीसंसंसंसं, नी॒नी॒नी॒नी॒धधधध, रेंरेंसंसंनी॒नी॒धध,
गंगंमंमंगंगंरेंरेंसंसं, रेंरेंसंसंनी॒नी॒धध, धधनी॒नी॒धधमम, गगसस-
नी॒नी॒ध॒ध॒नी॒नी॒सस ।

७ सगसगसगमम, धमधमधममम, संसंन̱ीन̱ीधधमम, धधन̱ीन̱ीधधमम,

गगगगरेरेसस, न̱̣ीन̱̣ीन̱̣ीन̱̣ीध̣ध̣ध̣ध̣, न̱̣ीन̱̣ीन̱̣ीन̱̣ीससस‌स, ममममगगगग,

रेरेरेरेससस‌स ।

८ ससगगमम, धधमम, संसंन̱ीन̱ीधधमम, ममगग, रेरेसस, ममधधनीनीसंसं

नीनीसंसं, रेंरेंसंसं, गंगंमंमंगंगंरेंरेंसंसं, संसंन̱ीन̱ीधधमम, गगसस,

न̱ीन̱ीध̣ध̣न̣ीन̣ीसस, ममगगरेरेसस ।

९. सगसगसगमम, गमगमगमधध, मधमधमधनीनी, धनीधनीधनीसंसं,

संन̱ीसंन̱ीसंन̱ीधध, न̱ीधन̱ीधन̱ीधमम, धमधमधमगग, मगमगमगरेरे,

गरेगरेगरेसस ।

१०. ससरेरेससस‌स, गगममधधधध, नीनीनीनीसंसंसंसं, मंमंमंमंगंगंगंगं,

रेंरेंरेंरेंसंसंसंसं, न̱ीन̱ीन̱ीन̱ीधधधध, ममममधधधध, न̱ीन̱ीन̱ीन̱ीधधधध,

ममममगगगग, रेरेरेरेससस‌स, न̱̣ीन̱̣ीन̱̣ीन̱̣ीध̣ध̣ध̣ध̣, सससससससस ।

—×—

२०. राग दुर्गा—शास्त्रीयः परिचयः

शुद्धमेलसमुत्पन्ना दुर्गाख्या लोकविश्रुता ।
आरोहे चावरोहेऽपि गनिहीनैव संमता ॥

मध्यमः संमतो वादी कैश्चित् पञ्चम ईरितः ।
गानमस्याः सदाभीष्टं द्वितीये प्रहरे निशि ॥

—श्रीमल्लक्ष्यसङ्गीते ।

पमौ पधौ मरी पश्च सधौ सरी पधौ मरी ।
दुर्गा गनिपरित्यक्ता रात्रिगेयाऽथ मांशिका ॥

—अभिनवरागमञ्जर्याम् ।

20. *RĀGA DURGĀ*

Rāga Durgā originates from *thāṭa Bilāvala.* In this *rāga,* the *Svaras* used are all *Śuddha. Gāndhāra* and *niṣāda* are avoided in both the orders; thus its *jāti* (class) is *Auḍuva* (Pentatonic). Its *Vādī* (sonant) is *madhyama* and *Saṃvādī* (consonant) is *ṣadja.* The time of its performance is second quarter of the night. The phrases 'DM', 'RP' and 'RD' are indicative of the *rāga.* Its *avaroha* is *vakra.* *Durgā* is a very pleasant and popular *rāga.*

Uṭhāva (Initial Phrase)

P, M P, D M R, P, Ṡ D, Ṡ Ṙ, P D, M R, S.

Calana (Usage)

P, M, P, D, M R, R S, Ṡ D, Ṡ, Ṙ D, Ṡ, P, D, M R, P,

M P, D, Ṡ, Ṡ Ṙ, D Ṡ, Ṡ Ṙ, M Ṙ, D Ṡ, P D Ṡ, D, M R,

Ṙ D Ṡ, P D, M R, P.

—×—

राग दुर्गा–स्वर-विस्तार

१. सरेस, मरेस, मरे, प, पम, रेस, रेप, म, रे, मपधम, म, रे, सरेस,
सध़स, मपधम, संध, म, रेपधम, पम, रे, धम, पमरेस ।

२. मरेस, रेस, सरेस, पमरेस, धधम, रेरेप, धधम, रेरेपपम, ससरेरेस,
ससध़ध़स, ममपपधधम, रेरेपपधधम, पपम, ममरे, रेरेस ।

३. ससरेरेसस, ममरेरेसस, पपममरेरेसस, धधममरेरेसस, रेरेरेरेपपपप,
धधधधमममम, रेरेरेरेपपपपमममम, ससससरेरेरेरेसससस, सससस-
ध़ध़ध़ध़सससस ।

४. ममममपपपपसंसंसंसं, संसंसंसंरेंरेंरेंरेंसंसंसंसं, संसंसंसंरेंरेंरेंरेंमंमंमंमं-
रेंरेंरेंरें, संसंसंसंसंसंसंसं, पपपपधधधधमममम, पपपपममममरेरेरेरे,
ससससरेरेरेरेसससस ।

५. संसंसंसंधधधध, संसंसंसंरेंरेंरेंरें, संसंसंसंपपपप, धधधधमममम,
पपममपपधधधधमममम, ममममरेरेरेरे, पपपपमममम, धधधधमममम,
ममममरेरेरेरे, रेरेरेरेसससस, ससससरेरेसस ।

६. पपममपपधध, ममरेरेरेरेसस, संसंसंसंधधसंसंसंसं, रेंरेंरेंरेंधधधध'
संसंसंसं, पपपप, ममममपपपप, धधधध, संसंसंसं, धधधधमममम,
ममममरेरेरेरे, रेरेरेरेसससस ।

७. रेरेरेरेससस, ममममरेरेरेरे, ममममपपपप, पपपपधधधध, धधधध-
संसंसंसं, रेंरेंरेंरेंधधधधसंसंसंसं, संसंसंसंरेंरेंरेंरें, मंमंमंमंरेंरेंरेंरें, धधधध-
संसंसंसं, पपपपधधधध, ममममरेरेरेरे, ससससससस ।

८. पपपप, ममममपपपप, धधधधममममरेरेरेरे, पपपप, संसंसंसंधधधध,
संसंसंसंरेंरेंरेंरें, पपपपधधधध, ममममरेरेरेरेससस, धधधधससस ।

९. सरेरेसरेरेसरे, मरेरेमरेरेसरे, पममपममरेप, धममधममरेप, संधधसंधध-
मप, संसंरेंरेंमंमंरेंरेंसंसंसंसं, ममममपपपपसंसंसंसं, रेंरेंरेंरेंधधसंसं,
पपपपमममम, रेरेरेरेससस ।

१०. संसंसंसंधधधध, संसंसंसंरेंरेंरेंरें, संसंसंसंपपपप, धधधधमममम,
पपममपपधधमम, ममममरेरेरेरे, पपपपपपपप, धधधधमममम,
पपपपमममम, ससससरेरेरेरे, ससससससस ।

२१. राग मालकोश—शास्त्रीय: परिचय:

राग मालकोश–स्वर-विस्तार

द्रष्टव्य पृ० २७१-२७४

Please see pp. 271-274

रागपद्यानुक्रमणिका

RĀGA-POEMS

रागपद्यानुक्रमणिका

RĀGA-POEMS

१. हिन्दोल

(HINDOLA)

नितम्बिनीम[1]न्दतरङ्गितासु
दो[2]लासु खेलासुखमादधानः ।
खर्व्वः[3] कपोत[4]द्युतिकामयुक्तो
हिन्दोलरागः कथितो मुनीन्द्रैः ॥

१. वृ । २. डो । ३. तासां । ४. कपोल ।

रागकल्पद्रुमः—पृ० २०; सङ्गीतदर्पणः—२.५८;

चत्वारिंशच्छतरागनिरूपणम्—पृ० २०; शिवतत्त्वरत्नाकरः—६ ८.७९- पृ० ५४८

Dwarf, with the lustre of a dove, on a swing pleasantly placed for play *Hindola* is gently rocked, the sages say, by ladies with broad hips.

हिन्दोलिका

(HINDOLIKĀ)

नितम्बिनी सुन्दरगौरगात्रा
वीणां दधाना सुरपुष्पगन्धी ।
स्वर्णप्रभाश्री कमलायताक्षी
हिन्दोलिकेयं कथिता मुनीन्द्रैः ॥

रागकल्पद्रुमः—पृ० २०

Her beautiful, pale golden body is fragrant like the celestial flowers. Well-favoured, long-lotus-eyed, *Hindolikā* holds a lute, say the sages.

हिन्दोला

(HINDOLĀ)

न्यग्रोधाग्रजटाग्रबद्धकनकप्रद्योतडोलासने
श्रीकृष्णं कमलैश्च पूजितसदाभक्तिप्रयुक्तात्मकाम् ।
गौराङ्गीं मणिभूषणीं मुरलिकानादप्रियां मे मनो
हिन्दोलां वरचित्रवस्त्रलसितां तुङ्गस्तनीं ध्यायति ॥

रागसागरः—३.६१

My heart dreams of *Hindolā*, whose breasts are firm, dressed in beautiful and colourful garments. With the lotus flowers, she worships the Lord Śrikrṣna who sits on a golden swing tied to the hanging roots of a banian tree. She loves to listen the sweet notes of the flute, her heart full of adoration and her fair limbs adorned with jewels.

——+——

२. मालकोश अथवा मालवकौशिक

(MĀLAKOŚA OR MĀLAVAKAUŚIKA)

आरक्तवर्णो धृतरक्त[१]यष्टिः
वीरः सुवीरेषु कृतप्रवीर्य्यः[२] ।
वीरैर्धृतो[३] वीर[४]कपालमाला-
माली[५] मतो मालवकौशिकोऽयम् ॥

१. गौर। २. प्रहारः। ३. वीरवृतो वीरैर्वृतो वा। ४. वैरि। ५. धारी।

रागकल्पद्रुमः—पृ० १८; सङ्गीतदर्पणः—२.५२;

शिवतत्त्वरत्नाकरः—६.८.६७-पृ० ५४६

His mace running with blood, garlanded with the skulls of heroes, red-complexioned, full of prowess, *Mālakośa*, the bravest of the brave is surrounded by braves.

—×—

३. भूपाली

(BHŪPĀLĪ)

गौरद्युतिः कुङ्कुमलिप्तदेहा
तुङ्गस्तनी चन्द्रमुखी मनोज्ञा ।
कान्तं[1] स्मरन्ती विरहेण दूना
भूपालिकेयं रसशान्तियुक्ता[2] ॥

१. भर्तुः ।

२. भूपालिका शान्तरसेषु युक्ता ।

रागकल्पद्रुमः—पृ० ३२; सङ्गीतदर्पणः—२.७६;

शिवतत्त्वरत्नाकरः—६ ८.१२२-पृ० ५५५

High breasted, her lustrous white body reddened with *kumkuma* (saffron), attractive and her face is a heart-entrancing moon. When all is still, grief-stricken *Bhūpālī* (*Bhūpālikā*) remembers her absent Lord.

—+—

४. जयजयवन्ती अथवा जयजयन्ती

(JAYAJAYAVANTĪ or JAYAJAYANTĪ)

पीनोन्नता सुन्दरी सा मृगाक्षी
स्वर्णप्रभा कोकिलनादतुल्या ।
वीणाविनोदी सुरपुष्पगन्धी
सा जैजयन्ती सुरमेघभार्य्या ।।

रसकल्पद्रुमः—पृ० ३३

Buxom, tall and beautiful, with eyes like a deer's, her golden skin fragrant with celestial flowers, *Jaijayantī* is the consort of *Megha-rāga*, god of rains. She enjoys playing upon a lute and carols like a *kokila* (cuckoo).

जयजवन्त अथवा जिजावन्त

(JAYAJAVANTA or JIJĀVANTA)

श्यामाङ्गः पीतवासा विरचिततिलकः कुङ्कुमैर्भालमध्ये ।
कण्ठे रत्नैकमालो ललितमुमुरली वाद्यमानस्त्रिभङ्गी ।।
शृङ्गारी भाति सायं कुसुमशरहितः श्रीजिजावन्तरागः ।।[1]

Dark-limbed, attired in yellow with a necklace of precious jewels, his forehead is adorned with *kuṁkuma-tilaka* (saffron). His figure charming in its triple curve, noble, amorous, companion of Cupid, the flower-arrowed God of Love, *Jijāvanta* plays pleasingly a heart-enchanting flute.

—+—

1. Daniélou, Alain; Northern Indian Music (The Main Rāgas)—quoted on p. 187

५. दीपक

(DĪPAKA)

बाला रतार्थं प्रविलीनवेषा

गृहेऽन्धकारे सुखसम्प्रयुक्ता ।

तस्याः शिरोभूषणरत्नदीपै-

र्लज्जामुदग्रां कृतवान् प्रदीपः ॥

सङ्गीतदर्पणः—२.६४; चत्वारिंशच्छतरागनिरूपणम्—पृ० २१;

शिवतत्त्वरत्नाकरः—६.८.६१-पृ० ५५०

For a lustful end having put out the lamp, *Dīpaka*, the king of *rāgas* repairs to his beloved darling in the darkened house. But she is made bashful by the radiance of his jewelled crown (daidem).

——o——

६. मेघ अथवा मेघमल्हार

(MEGHA OR MEGHAMALHĀRA)

नीलोत्पलाभवपुरिन्दुसमानवक्त्रः[1]
पीताम्बरस्तृषितचातकयाच्यमानः ।
पीयूषमन्दहसितो घन[2]मध्यवर्ती
वीरेषु राजति युवा किल मेघरागः ॥

१. नीलः । २. द्रुम ।

सङ्गीतदर्पणः—२.७६; शिवतत्त्वरत्नाकरः—६.८.११६-पृ० ५५४

The young *Megha-rāga*, his body lustrous like a blue lotus, the divine smile of his moon-like face is sweeter than *pīyūṣa* (*amṛta*). Dressed in yellow amidst heavy clouds, he glitters among the heroes. The thirsty *cātaka*-birds, that drink only raindrops, beholding him, cry out for water.

मेघरञ्जिनी

(MEGHARAÑJINĪ)

विद्युल्लताङ्गीं विबुधेन्द्रपूजा-
सन्धानहस्तार्पितपुष्पमालाम् ।
नीलाम्बराडम्बरसन्नितम्बिनीं
भजामि नित्यं घनमेघरञ्जीम् ॥

रागसागरः—३.३

Daily do I adore *Megharañjinī* who brings in her hands flower-garlands for the worship of Indra, the God of rains. Her body looks like lightning; a blue veily attire adorns her beautiful hips.

——o——

७. बागेश्री अथवा वागीश्वरी

(BĀGEŚRĪ OR VĀGĪŚVARĪ)

वीणाविनोदी कमलायताक्षी
सौन्दर्यलावण्यसुगौरगात्रा ।
कान्ते समीपे कमनीयकण्ठा
वागीश्वरी कौशिकरागिणीयम् ।।

रागकल्पद्रुमः—पृ० १६

Her sweet voice seductive when she is near her lover, *Kauśika-rāgiṇī vāgīśvarī* is beautiful and charming. With eyes large like the lotus and a golden body, she enjoys playing upon the lute her songs of love.

——o——

८. ललित अथवा ललिता

(LALITA OR LALITĀ)

प्रफुल्लसप्तच्छदमाल्यधारी[1]
युवा[2] च गौरोऽब्जदलायताक्षः[3] ।
विनिःश्वसन्[4] दैव[5]वशात्[6] प्रभाते
विलासवेषा ललिता प्रदिष्टा ॥
or (यस्याः पतिः सा ललिता प्रदिष्टा ॥)

१. युक्ता or नीलकण्ठा २. रुचा or गौरी । ३. गौरोत्पललोचनश्रीः or कृशाङ्गी तरुणी चलाक्षी or सुगौरकान्तिर्युवती सुदृष्टिः । ४. विनिर्गता । ५. श्वास । ६. विनिःश्वसन्ती सहसा ।

चत्वारिंशच्छतरागनिरूपणम्—पृ० २०; सङ्गीतदर्पणः—२.६३;
शिवतत्त्वरत्नाकरः—६.८.८९-पृ० ५४९

The young and fair Lord of *Lalitā* is adorned with a garland of sweet-fragranced seven-fold flowers. His lovely laughing eyes look long like the petal of the white lotus. It is dawn. *Lalitā*, overwhelmed by fate deeply sighs, dressed to meet her lover.

Or in another reading :

Lalitā is young and fair and wearing a garland of seven-fold flowers. Her long eyes resemble the petal of the lotus. Overwhelmed by fate, at dawn, she is sighing to meet her lover.

अतिस्निग्धोऽतिगौरश्च दिव्यगन्धानुलेपनः ।
मृगपाणिर्जटाधारी योगी ललितसंज्ञकः ॥

चत्वारिंशच्छतरागनिरूपणम्—पृ० १४

This very fair and amiable *yogī*, smeared with divine perfumed unguents, with tangled locks and a deer in his hand is known as *Lalita.*

चामीकराभा ललिता सुमुग्धा
वीणाधरा कोकिलपाणिपद्मा ।
कल्पद्रुमाधःस्थलसंस्थितापि
पयोधरामण्डितकोटिकामा ॥

चत्वारिंशच्छतरागनिरूपणम्—पृ० १३

Lalitā, attractive due to her innocence, is glittering like gold. While she holds a lute, a cuckoo perches on her lotus-like hand. Although, she is seated beneath the wishing-tree, her breasts all unadorned, she is having thousands of desires.

वीणापुस्तकपाणिं मञ्जुलकेलिं सुखेन जल्पन्तीम् ।
अरुणारविन्दनयनां ललितां सङ्गीतमातृकां ध्याये ॥

रागसागरः—३.७

A lute and a book in her hands, *Lalitā* appears the Goddess of Music. Pleasingly playful, she speaks lightly, her eyes are like the red lotuses. I worship her.

—o—

६. भीमपलासी अथवा भीमपलाश्री

(BHĪMAPALĀSĪ OR BHĪMAPALĀŚRĪ)

वीणां दधाना कमलायताक्षी
गम्भीरनादा सुरपुष्पगन्धी ।
कलामयी सा कमनीयमूर्तिः
भीमपलाश्री[1] कथिता मुनीन्द्रैः ।।

१. सी ।

रागकल्पद्रुमः—पृ० २२

With wide lotus-like eyes and fragrant with divine flowers, Bhīmapalāśrī, the sages say, sings with her deep voice, playing herself on the lute. She, with her charming form is art incarnate.

—o—

१०. यमन, इमन अथवा यमुना

(YAMANA, IMANA OR YAMUNĀ)

शृङ्गारमातृकां मे मधुरिपुवामाङ्कवासिनीम् ।
सद्भूषां यमुनां रुचिजितयमुनां
मनसि ध्यायामि सन्ततं मृदङ्गीम् ॥

रागसागरः—३.५६

Holding a *mṛdaṅga* (drum), *yamunā*, the mother of voluptuosity rests in the arms of the conquerer of demons. I always worship *yamunā* who has won over blue *yamunā* (river) through her radiance.

KALYĀṆA[2]

कृपाणपाणिस्तिलकं ललाटे
सुवर्णवेशः समरे प्रविष्टः ।
प्रचण्डमूर्तिः किल रक्तवर्णः
कल्याणरागः कथितो मुनीन्द्रैः ॥

रागकल्पद्रुमः—पृ० ३२; सङ्गीतदर्पणः—२.८२

Blood-red in complexion, sword in hand, his forehead marked with *tilaka*, he enters the battle-field dressed in gold. The sages speak of *kalyāṇa-rāga* as the fury incarnate.

---

1. '*Yam ınā*' is a Sanskritised form of the word '*Imana*'.
2. '*Kalyāṇa*' *rāga* is a form of '*Imana*'

११. रामकली, रामकरी, रामक्री अथवा रामक्रिया

(RĀMAKALĪ, RĀMAKARĪ, RĀMAKRĪ OR RĀMAKYIYĀ)

हेमप्रभाभासुरभूषणा च[1]
नीलं निचोलं वपुषा वहन्ती ।
कान्ते समीपे कमनीयकण्ठा[2]
मानोन्नता रामकली मतेयम् ॥

१. नि । २. पदमाश्रितेऽपि ।

सङ्गीतदर्पणः—२.६०; शिवतत्त्वरत्नाकरः—६.८.८३-पृ० ५४८

Radiant like gold, her attire deep blue, *Rāmakali* is adorned with glittering ornaments. Haughty and pretending anger, her voice becomes sweeter when the lover is near her.

यक्षिणी पद्मवदना यक्षकिन्नरदुर्लभा ।
वीणाहस्ता पर्वतस्था रामक्रीरुच्यते बुधैः ॥
चत्वारिंशच्छतरागनिरूपणम्—पृ० १०

A *yakṣī* (sylph) with the lotus-like face, for *yakṣas* (fauns) and *kinnaras* (centaurs) hard to possess, *viṇā* (lute) in hand and standing on a mountain, she is called *Rāmakrī* by the wise.

वीरासने निवासान्तां (? समासीनां) शरकोदण्डधारिणीम् ।
जम्बूफलनिभां देवीं ध्याये रामक्रियां सदा ॥
रागसागरः—३.१८

I worship (see) *Devī Kāmakriyā* who is sitting in the posture of heroes, holding a bow and an arrow and is dark like the *jambū* fruit.

—o—

१२. वसन्त, वसन्ती अथवा वसन्तिका

(VASANTA, VASANTĪ OR VASANTIKĀ)

शिखण्डिबर्होच्चयबद्धचूडा (डः)
कर्णावतंसी कृतशोभनाम्रा (म्रः) ।
इन्दीवरश्यामतनुः सुचित्रा[1]
वसन्तिका[2] स्यादलि[3]मञ्जुलश्रीः ॥

१. तनुर्विलासी । २. वसन्तकः । ३. स्यात्फल ।

रागकल्पद्रुमः—पृ० २०; सङ्गीतदर्पणः—२.७१;
शिवतत्त्वरत्नाकरः—६.८.१०५-पृ० ५५२

With ear-ornaments of mango-*mañjarīs* and a high crown (diadem) spread wide like the plumage of a peacock, her body dark like the blue lotus and the black bee, charming and voluptuous is *vasantī* the beloved darling of Spring.

शृङ्गारवनसमीपे नर्तन्तं युवतिजनकदम्बैश्च ।
शुकपिकशारियुक्तं ध्यायेन्मे मनसि सन्ततं वासन्तम् ॥

रागसागरः—३.१७

Parrots, Cuckoos and *Śāri* birds encircle *Vasanta*, the Lord of Spring who dances in the gardan of voluptuosity (Love) surrounded by young charming damsels. May I remember him always.

—o—

ऋतुसंहारसङ्गीतसुरभिस्थ-गीतानुक्रमणिका

ṚTUSAṂHĀRASAṂGĪTASURABHI

SONG-INDEX

ऋतुसंहारसङ्गीतसुरभिस्थ-गीतानुक्रमणिका

१. अगुरुसुरभिधूपामोदितं केशपाशं
गलितकुसुममालं कुञ्चिताग्रं वहन्ती । ५।१२
—शिशिरर्तौ परिभोगश्रीतः ।

२. अङ्गानि निद्रालसविभ्रमाणि
वाक्यानि किञ्चिन्मदिरालसानि । ६।१३
—वसन्तर्तौ कामविलासतः ।

३. अन्या प्रकामसुरतश्रमखिन्नदेहा
रात्रिप्रजागरविपाटलनेत्रपद्मा । ४।१५
—हेमन्तर्तौ रतविलासतः ।

४. अन्या प्रियेण परिभुक्तमवेक्ष्य गात्रं
हर्षान्विता विरचिताधरचारुशोभा । ४।१७
—हेमन्तर्तौ रतविलासतः ।

५. अन्याश्चिरं सुरतकेलिपरिश्रमेण
खेदं गताः प्रशिथिलीकृतगात्रयष्ट्यः । ४।१८
—हेमन्तर्तौ रतविलासतः ।

६. अपगतमदरागा योषिदेका प्रभाते
कृतनिबिडकुचाग्रा पत्युरालिङ्गनेन । ५।११
—शिशिरर्तौ परिभोगश्रीतः ।

७. अभीक्ष्णमुच्चैर्ध्वनता पयोमुचा
घनान्धकारीकृतशर्वरीष्वपि । २।१०
—प्रावृषि प्रमदाविलासतः ।

८. असह्यवातोद्धतरेणुमण्डला
प्रचण्डसूर्यातपतापिता मही । १।१०
—ग्रीष्मश्रीतः ।

९. असितनयनलक्ष्मीं लक्षयित्वोत्पलेषु
क्वणितकनककाञ्चीं मत्तहंसस्वनेषु । ३।२६
—शरदृतौ वरयुवतिविलासतः ।

१०. आकम्पयन् फलभरानतशालिजाला-
न्यानर्तयंस्तरुवरान् कुसुमावनम्रान् । ३।१०
—शरन्नववधूतः ।

११. आकम्पयन् कुसुमिताः सहकारशाखा
विस्तारयन् परभृतस्य वचांसि दिक्षु । ६।२४
—मासे मधौ कुसुमश्रीतः ।

१२. आकम्पितानि हृदयानि मनस्विनीनां
वातैः प्रफुल्लसहकारकृताधिवासैः । ६।३४
—वसन्ततौ पुंस्कोकिलकूजिततः ।

१३. आदीप्तवह्निसदृशैर्मरुताऽवधूतैः
सर्वत्र किंशुकवनैः कुसुमावनम्रैः । ६।२१
—मासे मधौ कुसुमश्रीतः ।

१४. आमूलतो विद्रुमरागताम्रं
सपल्लवाः पुष्पचयं दधानाः । ६।१८
—वसन्ततौ कामविलासतः ।

१५. आम्रीमञ्जुलमञ्जरीवरशरः सत् किंशुकं यद्धनु-
र्ज्या यस्यालिकुलं कलङ्करहितं छत्रं सितांशुः सितम् । ६।३८
—शृङ्गारदीक्षागुरुर्वसन्ततः ।

१६. आलम्बिहेमरसनाः स्तनसक्तहाराः
कन्दर्पदर्पशिथिलीकृतगात्रयष्ट्यः । ६।२६
—मासे मधौ कुसुमश्रीतः ।

१७. ईषत्तुषारैः कृतशीतहर्म्यैः
सुवासितं चारु शिरश्च चम्पकैः । ६।३
—वसन्तश्रीतः ।

१८. उच्छ्वासयन्त्यः श्लथबन्धनानि
गात्राणि कन्दर्पसमाकुलानि । ६।६
—वसन्तश्रीतः ।

१९. कदम्बसर्जार्जुनकेतकीवनं
विकम्पयंस्तत्कुसुमाधिवासितः । २।१७
—प्रावृषि प्रमदाविलासतः ।

२०. कनककमलकान्तैश्चारुताम्राधरोष्ठैः
श्रवणतटनिषक्तैः पाटलोपान्तनेत्रैः । ५।१३
—शिशिरर्तौ परिभोगश्रीतः

२१. कनककमलकान्तैराननैः पाण्डुगण्डै-
रुपरिनिहितहारैश्चन्दनार्द्रैः स्तनान्तैः ।६।३२
—कुसुममासे मन्मथोद्दीपनतः ।

२२. कमलवनचिताम्बुः पाटलामोदरम्यः
सुखसलिलनिषेकः सेव्यचन्द्रांशुहारः । १।२८
—ग्रीष्मर्तौ दवाग्नितः ।

२३. करकमलमनोज्ञाः कान्तसंसक्तहस्ता
वदनविजितचन्द्राः काश्चिदन्यास्तरुण्यः । ३।२३
—शरदृतौ वरयुवतिविलासतः ।

२४. कर्णेषु योग्यं नवकर्णिकारं
चलेषु नीलेष्वलकेष्वशोकम् । ६।६
—वसन्तश्रीतः ।

२५. कह्लारपद्मकुमुदानि मुहुर्विधुन्वं-
स्तत्सङ्गमादधिकशीतलतामुपेतः । ३।१५
—शरदि प्रकृतिसुषमातः ।

२६. काचिद् विभूषयति दर्पणसक्तहस्ता
बालातपेषु वनिता वदनारविन्दम् । ४।१४
—हेमन्तर्तौ रतविलासतः ।

२७. काञ्चीगुणैः काञ्चनरत्नचित्रै-
र्नो भूषयन्ति प्रमदा नितम्बान् । ४।४
—हेमन्तश्रीतः ।

२८. कान्तामुखद्युतिजुषामचिरोद्गतानां
शोभां परां कुरबकद्रुममञ्जरीणाम् । ६।२०
—मासे मधौ कुसुमश्रीतः ।

२९. कारण्डवाननविघट्टितवीचिमालाः
कादम्बसारसकुलाकुलतीरदेशाः । ३।८
—शरन्नववधूतः ।

३०. कालागुरुप्रचुरचन्दनर्चिताङ्ग्यः
पुष्पावतंससुरभीकृतकेशपाशाः । २।२२
—प्रावृषि योषिदलङ्करणतः ।

३१. काशांशुका विकचपद्ममनोज्ञवक्त्रा
सोन्मादहंसरवनूपुरनादरम्या । ३।१
—शरन्नववधूतः ।

३२. काशैर्महो शिशिरदीधितिना रजन्यो
हंसैर्जलानि सरितां कुमुदैः सरांसि । ३।२
—शरन्नववधूतः ।

३३. किं किंशुकैः शुकमुखच्छविभिर्न भिन्नं
किं कर्णिकारकुसुमैर्न कृतं न दग्धम् । ६।२२
—मासे मधौ कुसुमश्रीतः ।

३४. कुसुम्भरागारुणितैर्दुकूलैः
नितम्बबिम्बानि विलासिनीनाम् । ६।५
—वसन्तश्रीतः ।

३५. कुन्दैः सविभ्रमवधहसितावदातै-
रुद्द्योतितान्युपवनानि मनोहराणि । ६।२५
—मासे मधौ कुसुमश्रीतः ।

३६. कुवलयदलनीलैरुन्नतस्तोयनम्रै-
र्मृदुपवनविधूतैर्मन्दमन्दं चलद्भिः ।२।२३
—वर्षर्तौ पुष्पश्रीतः ।

३७. कृतापराधान् बहुशोऽभितर्जितान्
सवेपथून् साध्वसलुप्तचेतसः ।५।६
—शिशिरश्रीतः ।

३८. केशान्नितान्तघननीलविकुञ्चिताग्रा-
नापूरयन्ति वनिता नवमालतीभिः । ३।१९
—शरदि प्रकृतिसुषमातः ।

३९. गजगवयमृगेन्द्रा वह्निसंतप्तदेहा
सुहृद इव समेता द्वन्द्वभावं विहाय । १।२७
—ग्रीष्मर्तौ दवाग्नितः ।

४०. गात्राणि कालीयकचर्चितानि
सपत्रलेखानि मुखाम्बुजानि । ४।५
—हेमन्तश्रीतः ।

४१. गुरुणि वासांसि विहाय तूर्णं
तनूनि लाक्षारसरञ्जितानि । ६।१५
—वसन्तर्तौ कामविलासतः ।

४२. गृहीतताम्बूलविलेपनस्रजः
पुष्पासवामोदितवक्त्रपङ्कजाः ।५।५
—शिशिरश्रीतः ।

४३. चञ्चन्मनोज्ञशफरीरसनाकलापाः
पर्यन्तसंस्थितसिताण्डजपङ्क्तिहाराः ।३।३
—शरन्नवधूतः ।

४४. छायां जनः समभिवाञ्छति पादपानां
नक्तं तथेच्छति पुनः किरणं सुधांशोः ।६।११
—वसन्ततौ कामविलासतः ।

४५. जलभरनमितानामाश्रयोऽस्माकमुच्चै-
रयमिति जलसेकैस्तोयदास्तोयनम्राः ।२।२८
—वर्षतौ पुष्पश्रीतः ।

४६. ज्वलति पवनवृद्धः पर्वतानां दरीषु
स्फुटति पटुनिनादः शुष्कवंशस्थलीषु ।१।२५
—ग्रीष्मतौ दवाग्नितः ।

४७. तडिल्लताशक्रधनुर्विभूषिताः
पयोधरास्तोयभरावलम्बिनः ।२।२०
—प्रावृषि प्रमदाविलासतः ।

४८. तनूनि पाण्डूनि मदालसानि
मुहुर्मुहुर्जृम्भणतत्पराणि ।६।१०
—वसन्तश्रीतः ।

४९. ताम्रप्रवालस्तबकावनम्रा-
श्चूतद्रुमाः पुष्पितचारुशाखाः ।६।१७
—वसन्ततौ कामविलासतः ।

५०. तारागणप्रवरभूषणमुद्वहन्ती
मेघावरोधपरिमुक्तशशाङ्कवक्त्रा । ३।७
—शरन्नववधूतः ।

५१. तुषारसंघातनिपातशीतलाः
शशाङ्कभाभिः शिशिरीकृताः पुनः ।५।४
—शिशिरश्रीतः ।

५२. तृणोत्करैरुद्गतकोमलाङ्कुर-
श्चितानि नीलैर्हरिणीमुखक्षतैः । २।८
—वर्षारामणीयकतः ।

५३. तृषाकुलैश्चातकपक्षिणां कुलैः
प्रयाचितास्तोयभरावलम्बिनः । २।३
—वर्षारामणीयकतः ।

५४. तृषा महत्या हतविक्रमोद्यमः
श्वसन् मुहुर्दूरविदारिताननः । १।१४
—निदाघकाले प्रचण्डातपतापनतः ।

५५. दधति वरकुचाग्रैरुन्नतैर्हारयष्टिं
प्रतनुसितदुकूलान्यायतैः श्रोणिबिम्बैः । २।२६
—वर्षर्तौ पुष्पश्रीतः ।

५६. दन्तच्छदैः सव्रणदन्तचिह्नैः
स्तनैश्च पाण्यग्रकृताभिलेखैः । ४।१३

—हेमन्तश्रीतः ।

५७. दिवसकरमयूखैर्बाध्यमानं प्रभाते
वरयुवतिमुखाभं पङ्कजं जृम्भतेऽद्य । ३।२५

—शरदृतौ वरयुवतिविलासतः ।

५८. द्रुमाः सपुष्पा सलिलं सपद्मं
स्त्रियः सकामाः पवनः सुगन्धिः । ६।२

—वसन्तश्रीतः ।

५९. नखपदचितभागान् वीक्षमाणाः स्तनान्ता-
नधरकिसलयाग्रं दन्तभिन्नं स्पृशन्त्यः । ५।१५

—शिशिरतौ परिभोगश्रीतः ।

६०. न चन्दनं चन्द्रमरीचिशीतलं
न हर्म्यपृष्ठं शरदिन्दुनिर्मलम् । ५।३

—शिशिरश्रीतः ।

६१. न बाहुयुग्मेषु विलासिनीनां
प्रयान्ति सङ्गं वलयाङ्गदानि । ४।३

—हेमन्तश्रीतः ।

६२. नवजलकणसङ्गाच्छीततामादधानः
कुसुमभरनतानां लासकः पादपानाम् । २।२७

—वर्षर्तौ पुष्पश्रीतः ।

६३. नवप्रवालोद्गमसस्यरम्यः
प्रफुल्ललोध्रः परिपक्वशालिः । ४।१

—हेमन्तश्रीतः ।

६४. नष्टं धनुर्बलभिदो जलदोदरेषु
सौदामनी स्फुरति नाद्य वियत्पताका । ३।१२

—शरदि प्रकृतिसुषमातः ।

६५. नानामनोज्ञकुसुमद्रुमभूषितान्तान्
हृष्टान्यपुष्ट-निनदाकुलसानुदेशान् । ६।२७

—मासे मधौ कुसुमश्रीतः ।

६६. नितम्बबिम्बैः सदुकूलमेखलैः
स्तनैः सहाराभरणैः सचन्दनैः । १।४

—ग्रीष्मश्रीतः ।

६७. नितान्तनीलोत्पलपत्रकान्तिभिः
क्वचित्प्रभिन्नाञ्जनराशिसंनिभैः । २।२

—वर्षारामणीयकतः ।

६८. नितान्तलाक्षारसरागरञ्जितै-
र्नितम्बिनीनां चरणैः सनूपुरैः । १।५

—ग्रीष्मश्रीतः ।

६९. निपातयन्त्यः परितस्तटद्रुमान्
प्रवृद्धवेगैः सलिलैरनिर्मलैः । २।७

—वर्षारामणीयकतः ।

७०. निरुद्धवातायनमन्दिरोदरं
हुताशनो भानुमतो गभस्तयः । ५।२

—शिशिरश्रीतः ।

७१. निर्माल्यदाम परिभुक्तमनोज्ञगन्धं
मूर्ध्नोऽपनीय घननीलशिरोरुहान्ताः । ४।१६

—हेमन्ततौ रतविलासतः ।

७२. निशाः शशाङ्कक्षतनीलराजयः
क्वचिद् विचित्रं जलयन्त्रमन्दिरम् । १।२

—ग्रीष्मश्रीतः ।

७३. नृत्यप्रयोगरहिताञ्छिशिखिनो विहाय
हंसानुपैति मदनो मधुरप्रगीतान् । ३।१३

—शरदि प्रकृतिसुषमातः ।

७४. नेत्रे निमीलयति रोदिति याति शोकं
घ्राणं करेण विरुणद्धि विरौति चोच्चैः । ६।२८

—मासे मधौ कुसुमश्रीतः ।

७५. नेत्रेषु लोलो मदिरालसेषु
गण्डेषु पाण्डुः कठिनः स्तनेषु । ६।१२

—वसन्ततौ कामविलासतः ।

७६. नेत्रोत्सवो हृदयहारिमरीचिमालः
प्रह्लादकः शिशिरसीकरवारिवर्षी । ३।९

—शरन्नववधूतः ।

७७. पटुतरदवदाहोच्छुष्कसस्यप्ररोहाः
परुषपवनवेगोत्क्षिप्तसंशुष्कपर्णाः । १।२२

—ग्रीष्मर्तौ दवाग्नितः ।

७८. पयोधराश्चन्दनपङ्कचर्चिताः
तुषारगौरार्पितहारशेखराः । १।६

—ग्रीष्मश्रीतः ।

७९. पयोधरैः कुङ्कुमरागपिञ्जरैः
सुखोपसेव्यैर्नवयौवनोष्मभिः । ५।६

—शिशिरश्रीतः ।

८०. पयोधरैर्भीमगभीरनिस्वनै-
स्तडिद्भिरुद्वेजितचेतसो भृशम् । २।११

—प्रावृषि प्रमदाविलासतः ।

८१. परभृतकलगीतैर्ह्लादिभिः सद्वचांसि
स्मितदशनमयूखान् कुन्दपुष्पप्रभाभिः । ६।३१

—कुसुममासे मन्मथोद्दीपनतः ।

८२. पाकं व्रजन्ती हिमजालशीतै-
राधूयमाना सततं मरुद्भिः । ४।११

—हेमन्तश्रीतः ।

८३. पीनस्तनोरःस्थलभागशोभा-
मासाद्य तत्पीडनजातखेदः । ४।७

—हेमन्तश्रीतः ।

८४. पुंस्कोकिलश्चूतरसासवेन
मत्तः प्रियां चुम्बति रागहृष्टः । ६।१६
—वसन्ततौ कामविलासतः ।

८५. पुंस्कोकिलैः कलवचोभिरुपात्तहर्षैः
कूजद्भिरुन्मदकलानि वचांसि भृङ्गैः । ६।२३
—मासे मधौ कुसुमश्रीतः ।

८६. पुष्पासवामोदसुगन्धिवक्त्रो
निःश्वासवातैः सुरभीकृताङ्गः । ४।१२
—हेमन्तश्रीतः ।

८७. पृथुजघनभरार्त्ता किञ्चिदानम्रमध्याः
स्तनभरपरिखेदान्मन्दमन्दं चलन्त्यः । ५।१४
—शिशिरतौ परिभोगश्रीतः ।

८८. प्रकामकामैर्युवभिः सुनिर्दयं
निशासु दीर्घास्वभिरामिताश्चिरम् । ५।७
—शिशिरश्रीतः ।

८९. प्रचण्डसूर्यः स्पृहणीयचन्द्रमाः
सदावगाहक्षतवारिसञ्चयः । १।१
—ग्रीष्मश्रीतः ।

९०. प्रचुरगुडविकारः स्वादुशालीक्षुरम्यः
प्रबलसुरतकेलिर्जातकन्दर्पदर्पः । ५।१६
—शिशिरतौ परिभोगश्रीतः ।

९१. प्रफुल्लचूताङ्कुरतीक्ष्णसायको
द्विरेफमालाविलसद्धनुर्गुणः । ६।१

—वसन्तश्रीतः ।

९२. प्रफुल्लनीलोत्पलशोभितानि
सोन्मादकादम्बविभूषितानि । ४।६

—हेमन्तश्रीतः ।

९३. प्रभिन्नवैदूर्यनिभैस्तृणाङ्कुरैः
समाचिता प्रोत्थितकन्दलीदलैः । २।५

—वर्षारामणीयकतः ।

९४. प्रभूतशालिप्रसवैश्चितानि
मृगाङ्गनायूथविभूषितानि । ४।८

—हेमन्तश्रीतः ।

९५. प्ररूढशालीक्षुचयावृतक्षितिं
क्वचित् स्थितक्रौञ्चनिनादराजितम् । ५।१

—शिशिरश्रीतः ।

९६. प्रियङ्गुकालीयककुंकुमाक्तं
स्तनेषु गौरेषु विलासिनीभिः । ६।१४

—वसन्ततौ कामविलासतः ।

९७. बलाहकाश्चाशनिशब्दमर्दलाः
सुरेन्द्रचापं दधतस्तडिद्गुणम् । २।४

—वर्षारामणीयकतः ।

९८. बहुगुणरमणीयो योषितां चित्तहारी
परिणतबहुशालिव्याकुलग्रामसीमा ।४।१९
—क्रौञ्चनादोपगीतः हेमन्ततः ।

९९. बहुगुणरमणीयः कामिनीचित्तहारी
तरुविटपलतानां बान्धवो निर्विकारः ।२।२६
—वर्षर्तौ पुष्पश्रीतः ।

१००. बहुतर इव जातः शाल्मलीनां वनेषु
स्फुरति कनकगौरः कोटरेषु द्रुमाणाम् ।१।२६
—ग्रीष्मर्तौ दवाग्नितः ।

१०१. भिन्नाञ्जनप्रचयकान्ति नभो मनोज्ञं
बन्धूकपुष्परजसाऽरुणिता च भूमिः ।३।५
—शरन्नववधूतः ।

१०२. मत्तद्विरेफपरिचुम्बितचारुपुष्पा
मन्दानिलाकुलितनम्रमृदुप्रवालाः ।६।१९
—मासे मधौ कुसुमश्रीतः ।

१०३. मधुसुरभिमुखाब्जं लोचने लोध्रताम्रे
नवकुरबकपूर्णः केशपाशो मनोज्ञः ।६।३३
—कुसुममासे मन्मथोद्दीपनतः ।

१०४. मनोज्ञकूर्पासकपीडितस्तनाः
सरागकौषेयकभूषितोरवः ।५।८
—शिशिरश्रीतः ।

१०५. मनोहरैश्चन्दनरागगौरः
तुषारकुन्देन्दुनिभैश्च हारैः । ४।२

—हेमन्तश्रीतः ।

१०६. मन्दानिलाकुलितचारुतराग्रशाखः
पुष्पोद्‌गमप्रचयकोमलपल्लवाग्रः । ३।६

—शरन्नववधूतः ।

१०७. मलयपवनविद्धः कोकिलालापरम्यः
सुरभिमधुनिषेकाल्लब्धगन्धप्रबन्धः । ६।३७

—शृङ्गारदीक्षागुरुर्वसन्ततः ।

१०८. मार्गं समीक्ष्यातिनिरस्तनीरं
प्रवासखिन्नं पतिमुद्‌वहन्त्यः । ४।१०

—हेमन्तश्रीतः ।

१०९. मालाः कदम्बनवकेसरकेतकीभि-
रायोजिताः शिरसि बिभ्रति योषितोऽद्य । २।२१

—प्रावृषि योषिदलङ्करणतः ।

११०. मुदित इव कदम्बैर्जातपुष्पैः समन्तात्
पवनचलितशाखैः शाखिभिर्नृत्यतीव । २।२४

—वर्षतौं पुष्पश्रीतः ।

१११. मृगाः प्रचण्डातपतापिताः भृशं
तृषा महत्या परिशुष्कतालवः । १।११

—निदाघकाले प्रचण्डातपतापनतः ।

११२. रक्ताशोकविकल्पिताधरमधुर्मत्तद्विरेफस्वनः
कुन्दापीडविशुद्धदन्तनिकरः प्रोत्फुल्लपद्मानन: । ६।३६
—शृङ्गारदीक्षागुरुर्वसन्ततः ।

११३. रतिश्रमक्षामविपाण्डुवक्त्राः
संप्राप्तहर्षाभ्युदयास्तरुण्यः । ४।६
—हेमन्तश्रीतः ।

११४. रविप्रभोद्भिन्नशिरोमणिप्रभो
विलोलजिह्वाद्वयलीढमारुतः । १।२०
—निदाघकाले प्रचण्डातपतापनतः ।

११५. रवेर्मयूखैरभितापितो भृशं
विदह्यमानः पथि तप्तपांसुभिः । १।१३
—निदाघकाले प्रचण्डातपतापनतः ।

११६. रम्यः प्रदोषसमयः स्फुटचन्द्रभासः
पुंस्कोकिलस्य विरुतं पवनः सुगन्धिः । ६।३५
—वसन्ततौ पुंस्कोकिलकूजितत: ।

११७. रुचिरकनककान्ति मुञ्चतः पुष्पराशीन्
मृदुपवनविधूतान् पुष्पितांश्चूतवृक्षान् । ६।३०
—कुसुममासे मन्मथोद्दीपनतः ।

११८. वनद्विपानां नववारिदस्वनै-
र्मदान्वितानां ध्वनतां मुहुर्मुहुः । २।१५
—प्रावृषि प्रमदाविलासतः ।

११९. वहन्ति वर्षन्ति नदन्ति भान्ति
रुदन्ति नृत्यन्ति समाश्रयन्ति । २।१९
—प्रावृषि प्रमदाविलासतः ।

१२०. वापीजलानां मणिमेखलानां
शशाङ्कभासां प्रमदाजनानाम् । ६।४
—वसन्तश्रीतः ।

१२१. विकचकमलवक्त्रा फुल्लनीलोत्पलाक्षी
विकसितनवकाशश्वेतवासो वसाना । ३।२८
—शरदृतौ वरयुवतिविलासतः ।

१२२. विकचनवकुसुम्भस्वच्छसिन्दूरभासा
प्रबलपवनवेगोद्भूतवेगेन तूर्णम् । १।२४
—ग्रीष्मर्तौ दवाग्नितः ।

१२३. विपत्रपुष्पां नलिनीं समुत्सुका
विहाय भृङ्गाः श्रुतिहारिनिस्वनाः । २।१४
—प्रावृषि प्रमदाविलासतः ।

१२४. विपाण्डुरं कीटरजस्तृणान्वितं
भुजङ्गवद् वक्रगतिप्रसर्पितम् । २।१३
—प्रावृषि प्रमदाविलासतः ।

१२५. विलोचनेन्दीवरवारिबिन्दुभि-
र्निषिक्तबिम्बाधरचारुपल्लवाः । २।१२
—प्रावृषि प्रमदाविलासतः ।

१२६. विलोलनेत्रोत्पलशोभिताननै-
र्मृगैः समन्तादुपजातसाध्वसैः । २।६
—वर्षारामणीयकतः ।

१२७. विवस्वता तीक्ष्णतरांशुमालिना
सपङ्कतोयात् सरसोऽभितापितः । १।१८
—निदाघकाले प्रचण्डातपतापनतः ।

१२८. विशुष्ककण्ठोद्गतसीकराम्भसो
गभस्तिभिर्भानुमतोऽनुतापिताः । १।१५
—निदाघकाले प्रचण्डातपतापनतः ।

१२९. व्योम क्वचिद् रजतशङ्खमृणालगौरै-
स्त्यक्ताम्बुभिर्लघुतया शतशः प्रयातैः । ३।४
—शरन्नववधूतः ।

१३०. शरदि कुमुदसङ्गाद् वायवो वान्ति शीता
विगतजलदवृन्दा दिग्विभागा मनोज्ञाः । ३।२२
—शरदृतौ वरयुवतिविलासतः ।

१३१. शिरसि बकुलमालां मालतीभिः समेतां
विकसितनवपुष्पैर्यूथिकाकुड्मलैश्च । २।२५
—वर्षर्तौ पुष्पश्रीतः ।

१३२. शिरोरुहैः श्रोणितटावलम्बिभिः
कृतावतंसैः कुसुमैः सुगन्धिभिः । २।१८
—प्रावृषि प्रमदाविलासतः ।

१३३. शेफालिकाकुसुमगन्धमनोहराणि
स्वस्थस्थिताण्डजकुलप्रतिनादितानि । ३।१४
—शरदि प्रकृतिसुषमातः ।

१३४. श्यामा लताः कुसुमभारनतप्रवालाः
स्त्रीणां हरन्ति धृतभूषणबाहुकान्तिम् । ३।१८
—शरदि प्रकृतिसुषमातः ।

१३५. श्वसिति विहगवर्गः शीर्णपर्णद्रुमस्थः
कपिकुलमुपयाति क्लान्तमद्रेर्निकुञ्जम् । १।२३
—ग्रीष्मर्तौ दवाग्नितः ।

१३६. सचन्दनाम्बुव्यजनोद्भवानिलैः
सहारयष्टिस्तनमण्डलार्पणैः । १।८
—ग्रीष्मश्रीतः ।

१३७. सदा मनोज्ञं स्वनदुत्सवोत्सुकं
विकीर्णविस्तीर्णकलापिशोभितम् । २।६
—वर्षारामणीयकतः ।

१३८. सपत्रलेखेषु विलासिनीनां
वक्त्रेषु हेमाम्बुरुहोपमेषु ।६।८
—वसन्तश्रीतः ।

१३९. सफेनलालावृतवक्त्रसंपुटं
विनिःसृतालोहितजिह्वमुन्मुखम् । १।२१
—निदाघकाले प्रचण्डातपतापनतः ।

१४०. सभद्रमुस्तं परिशुष्ककर्दमं
सरः खनन्नायतपोत्रमण्डलैः । १।१७
—निदाघकाले प्रचण्डातपतापनतः ।

१४१. समदमधुकराणां कोकिलानां च नादै-
कुसुमितसहकारैर्कर्णिकारैश्च रम्यः । ६।२९
—कुसुममासे मन्मथोद्दीपनतः ।

१४२. समुद्गतस्वेदचिताङ्गसन्धयो
विमुच्य वासांसि गुरूणि साम्प्रतम् । १।७
—ग्रीष्मश्रीतः ।

१४३. समुद्धृताशेषमृणालजालकं
विपन्नमीनं द्रुतभीतसारसम् । १।१९
—निदाघकाले प्रचण्डातपतापनतः ।

१४४. सम्पन्नशालिनिचयावृतभूतलानि
स्वस्थस्थितप्रचुरगोकुलशोभितानि । ३।१६
—शरदि प्रकृतिसुषमातः ।

१४५. सविभ्रमैः सस्मितजिह्मवीक्षितै-
र्विलासवत्यो मनसि प्रवासिनाम् । १।१२
—निदाघकाले प्रचण्डातपतापनतः ।

१४६. ससीकराम्भोधरमत्तकुञ्जरः
तडित्पताकोऽशनिशब्दमर्दलः । २।१
—वर्षारामणीयकतः ।

१४७. सितेषु हर्म्येषु निशासु योषितां
सुखप्रसुप्तानि मुखानि चन्द्रमाः । १।९
—ग्रीष्मश्रीतः ।

१४८. सितोत्पलाभाम्बुदचुम्बितोपलाः
समाचिताः प्रस्रवणैः समन्ततः । २।१६
—प्रावृषि प्रमदाविलासतः ।

१४९ सुगन्धिनिःश्वासविकम्पितोत्पलं
मनोहरं कामरतिप्रबोधकम् । ५।१०
—शिशिरश्रीतः ।

१५०. सुरतरसविलासाः सत्सखीभिः समेता
असमशरविनोदं सूचयन्ति प्रकाशम् । ३।२४
—शरदृतौ वरयुवतिविलासतः ।

१५१. सुवासितं हर्म्यतलं मनोहरं
प्रियामुखोच्छ्वासविकम्पितं मधु । १।३
—ग्रीष्मश्रीतः ।

१५२. सोन्मादहंसमिथुनैरुपशोभितानि
स्वच्छप्रफुल्लकमलोत्पलभूषितानि । ३।११
—शरदि प्रकृतिसुषमातः ।

१५३. स्तनेषु हाराः सितचन्दनार्द्रा
भुजेषु सङ्गं वलयाङ्गदानि । ६।७
—वसन्तश्रीतः ।

१५४. स्त्रीणां विहाय वदनेषु शशाङ्कलक्ष्मा
काम्यं च हंसवचनं मणिनूपुरेषु । ३।२७
—शरदृतौ वरयुवतिविलासतः ।

१५५. स्फुटकुमुदचितानां राजहंसाश्रितानां
मरकतमणिभासा वारिणा भूषितानाम् । ३।२१
—शरदृतौ वरयुवतिविलासतः ।

१५६. हंसैर्जिता सुललिता गतिरङ्गनाना-
मम्भोरुहैर्विकसितैर्मुखचन्द्रकान्तिः । ३।१७
—शरदि प्रकृतिसुषमातः ।

१५७. हारैः सचन्दनरसैः स्तनमण्डलानि
श्रोणीतटं सुविपुलं रसनाकलापैः । ३।२०
—शरदि प्रकृतिसुषमातः ।

१५८. हुताग्निकल्पैः सवितुर्गभस्तिभिः
कलापिनः क्लान्तशरीरचेतसः । १।१६
—निदाघकाले प्रचण्डातपतापनतः ।

—×—

सङ्गीतकर्तृ-परिचयानुक्रमणिका

Brief Biographical Sketch of Music-Composers

सङ्गीतकर्तृ-परिचयानुक्रमणिका

Brief Biographical Sketch of Music-Composers

(COURTESY : THE PUBLISHER)

ACHARYA DR. JAGDISH SAHAI KULSHRESHTHA

"मास्टर मौसूफ़ ने दस वर्ष की उम्र में वह कमाल हासिल किया है कि बड़े-बड़े कुहनसाल और बूढ़े बूढ़े अहले-फ़न अंगुश्त-बदन्दाँ हैं। बाल अवस्था में राग-विद्या में उस्तादाना महारत पैदा करना हर कसो-नाकस का काम नहीं, क्योंकि—

ई असादत बज़ोरे-बाज़ू नेस्त,
ता न बख्शद ख़ुदाए-बख्शन्दी।

आपने रिकार्ड में हज़ा की दोनों चीज़ें ऐसी कामयाबी और पुख़्तगी से गाई हैं कि आप पर किसी पुराने रागी और उम्र-रसीदा गन्धर्व का गुमान होता है—और उस पर तुर्रा यह कि राग की बारीकियों को अपनी रसीली, कोमल और सुन्दर आवाज़ के साथ ऐसी ख़ूबसूरती से बज़ा किया है कि सामिईन के मुँह से बेसाख्ता 'वाह-वाह' निकल जाती है। अलावा अजीं, लैकारी के वह वह जौहर दिखाये हैं कि तारीफ़ नहीं की जा सकती। हमें उम्मीद है कि मूसीक़ी के दिलदादा और रागदारी पर मिटे हुए हज़रात इस रिकार्ड की दिल से कद्र करेंगे। हमारी दुआ है कि परमात्मा इस होनहार मूसीकार को नज़रे-बद से महफ़ूज़ रखे और आइन्दा इस फ़न में तरक्की करने की हिम्मत बख्शे, आमीन।"

This applauding note has been quoted from the introductory leaflet of the famous recording company 'His Master's Voice' which was published with regard to a child artist about 60 years ago. This child vocalist is none other than our Acharya Dr. Jagdish Sahai Kulshreshtha, Ex. Principal, Institute of Music and Fine Arts, Jammu (J & K) whose brief biographical sketch is presented here.

Dr. J.S. Kulshreshtha was born in Jhansi (U.P.) on 15th May, 1922. His father Shri Jiya Lal Kulshreshtha worked in Indian Railways. His mother Smt. Sukh Devi was a devoted house-wife. Child Jagdish was hardly six years old, when his parents, observing his immense love for music, took him and handed him over to the famous musician Pt. V.K. Purandare who had just arrived in Jhansi from Gwalior. Pt. Purandare was highly impressed with the inborn talent of child Jagdish. He taught and trained him in music for years with keen interest. Jagdish Sahai made such a praiseworthy progress in music that the famous recording company 'His Master's Voice' made his commercial record of Classical Vocal Music (Record No. N. 6339) when he was only 10 years old. In that record, he sang *Rāga Pūrvī* and *Rāga Bhīmapalāsī* with such grace, efficiency and purity, that the company highly applauded the child singer in its introductory leaflet (quoted obove). The Managing Director of the recording company gave a statement that a record of classical music of such a small child artist was never made before. This news created sensation in the music-world at that time.

It was in 1934 that Shri Jagdish Sahai sang in public for the first time in All India Music Conference organised at Mathura. He was about 12 years old. The music-lovers were wonder-struck to listen to child Jagdish. His performance was praised in English daily newspapers. He was awarded Gold medal also for standing First in the competition.

Famous musician Shri Manahar Barve happened to visit Jhansi in connection with his music performances. When he listened to child Jagdish, he asked his father Shri Jiya Lal Kulshreshtha to send the child with him for further training in Music. He learnt Music—Vocal and Instrumental under his guidance and training and visited a number of places in the country. When Shri Barve was to leave for a foreign tour, Jagdish was called back to Jhansi by his parents.

Observing lack of good opportunities of learning music in Jhansi, Jiya Lal Ji sent his son Jagdish to Allahabad for further training. There he learnt Music—Vocal, Instrumental and Dance from the famous teachers Pt. Bholanath Bhatt., Pt. Ram Sharan, Prof. Beni Prasad Srivastava 'Bhai' and Pt. N. R. Joshi. Thereafter he went to Gwalior and learnt Music from Pt. Raja Bhaiyya Poonchwale, Pt. N. L. Gune and Pt. Madho Singh. After learning music in Jhansi, Allahabad and Gwalior, he finally repaired to Ujjain and got special training of Khyal-singing under the able guidance of Ustad Massu Khan. Shri Jagdish Sahai was very fortunate to get rare Khyal-compositions from Ustad Massu Khan. After learning music under the feet of able Gurus for consecutive ten years, Shri Jagdish Sahai had a very good and rare collection of Khyal, Thumari, Tarana, Chaturanga, Ragamala and Gatas. While learning music, he also participated in a number of Provincial and All India Music Competitions during 1933-38 and always stood First. He won more than hundred Gold and Silver medals and more than fifty Silver cups in different music competitions. He won the 'Shield' and got 'Special medal' for being 'All-rounder' in the Provincial Music competition organised at Govt. Training College, Agra in 1635-36.

Dr. Kulshreshtha had keen interest in dramas and films too. He went to Bombay to receive special training in music in 1939. There, he was appointed Music-teacher in 'Prabhat Movitone College' by the then Principal Shri D. H. Beg. Some Film Companies wanted to engage him as their Music Director but he came back to his native place as he did not like the life-style and atmosphere of the then Film world.

Shri Jagdish Sahai Kulshreshtha established 'Kulshreshtha Sangeet Academy' at Allahabad in 1940 and started imparting training of Music—Vocal, Instrumental and Dance. Side by side, he continued to participate in Music conferences held in different places of the country. He sent 18 students of his Academy to participate in the All

India Music Competition organised by Allahabad University in 1941 where his students not only performed well but obtained seven First Prizes, seven Second Prizes and four Third Prizes. The good performance of his students at National level made him a popular and famous music teacher of the town at the young age of nineteen. In 1941 he was appointed music teacher in Kayastha Pathshala, Allahabad to train the students of lower classes.

Shri Jagdish Sahai Kulshreshtha joined 'Christian High School', Jhansi as Music teacher on 9th July, 1942. His students won all the three running shields of Music—Vocal, Instrumental and Dance in the Provincial Music Competition Organised in Agra in 1943. The Principal of the Christian High School being highly impressed with Shri Kulshreshtha's performance as a good teacher, increased his salary and raised his post but he got appointed on higher salary and joined N.R.E.C. College, Khurja as a Music teacher on 15th September, 1943. He worked here for two years. He was selected by the Public service Commission, U.P. for appointment in U.P. Govt. Colleges and he joined Govt. Intermediate College, Jhansi on 17th October, 1945. Within a short period, he became a famous teacher of the College. His students participated in music competitions and won prizes. During 1949-50, his students of Govt. College, Jhansi participated in Provincial Music Competition and won all the three running shields of Music—Vocal, Instrumental and Dance. He imparted training in music during 1945-51 and was acclaimed as a good teacher in the Education Deptt. of U.P. He organised a number of Music conferences and Music Competitions in Jhansi during these years which created a good atmosphere of music in the town. His disciples got Ist class and distinction marks in Music in High School, Intermediate and B.A. Examinations.

Considering his seniority, efficiency and experience, Shri Jagdish Sahai Kulshseshtha was appointed 'Propaganda officer' in the U.P. Films Division, Allahabad by the Education Deptt. of U.P. The direction of music was handed over to him. He was the Music Director of eleven documentary films made during 1952-57. He was sent to Govt. Intermediate College, Almora, on promotion in 1958 and was transferred to Govt. Basic Training College, Varanasi, on seniority basis in 1960. Just after one year, he was appointed in the prestigious 'Scindia Public School', Gwalior on almost double salary. Here he performed his job efficiently from August, 1961 to February, 1965. Thereafter, he was oppointed Principal, Institute of Music & Fine Arts, Jammu (J. & K.). He joined this post on Ist March, 1965. He worked as Head of the Music Deptt. in the famous 'Birla Vidya Mandir' Public School in Nainital from 1967-72. He worked as Head of the Music & Dance Deptt. in the oldest and best Public School of India, 'The Lawrence School', Sanawar (Simla Hills) from 1972-82. He was Director, Cultural Deptt. in Shivalik Public School, Chandigarh from 1982-84. At present he is Principal of Ravindra Music & Dance Institute, Pitampura, Delhi.

Dr. Jagdish Sahai Kulshreshtha has a number of remarkable achievements to his credit some of which are mentioned below :

1. Publications : He has composed and published 66 books and a number of articles & research papers.
2. He was conferred with the degree of 'Acharya' by Bharatiya Sangeet and Lalit Kala Vidyapeeth, Kanpur in 1966.
3. Recipient of more than 100 gold and silver medals and more than 50 silver cups in All India and Provincial Music Conferences.
4. Founded the following institutions of Music & Dance :
   (i) Bundelkhand Sangeet Vidyalaya, Jhansi on 3rd March, 1947.
   (ii) Sangeet Kala Niketan, Jhansi on 1st May, 1951.
   (iii) Bharatiya Sangeet Sansthan, Nainital on 1st March, 1971.
   (iv) Himachal Music College, Kasauli (Simla Hills) on 1st January, 1981.
5. Directed Music (Songs, Folk-songs, Classical songs & Dances) of

eleven Documentary Films produced by the Film-Division of U.P. Government.

6. Directed more than 100 orchestras in different Schools and Colleges.

7. Organised several All India, Provincial and Summer Festivals, Music Conferences and Competitions in different parts of the country.

8. Approved artist of All India Radio.

9. Member, Audition Committee, All India Radio, Jammu and Simla.

10. Member, Himachal Education Board, Simla.

11. Expert, Selection Committee for Artists and Music-composers, All India Radio, Jammu and Simla.

12. Acted as Judge in a number of All India & Provincial Music & Dance Competitions and in Competitions organised in different Universities and in Competitions organised by All India Radio, Simla.

13. He has broadcast a number of 'Illustrated Talks' on different topics of Music from All India Radio, Simla.

14. Music Adviser, Punjabi Natak Academy, Amritsar and Chandigarh.

15. Head Examiner, Paper-Setter & Practical Examiner of different Boards, Music Institutions and Universities of India (High-School—Ph. D. Examinations).

16. Selected to write & compose books on Music—Vocal and Instrumental to be prescribed in all the Schools (class I-X) of Himachal Pradesh by the Education Department of H.P.

17. Nominated Member of the Music & Dance Committee of Himachal Pradesh School Board.

18. Produced more than 100 disciples who are working as music-teachers and composers in different institutions.

19. Composed and published music of a number of Sanskrit stotras and Meghadūta & Ṛtusaṁhāra of Kālidāsa.

20. Working on a Project of composing music of all the seven world-famous works of Kālidāsa.

Dr. J.S. Kulshreshtha was married to Ms. Kamlesh Kumari on 4.1.1942. Smt. Kamlesh Kumari Kulshreshtha (23.11.1921—23.8.1990), wife of Dr. J. S. Kulshreshtha has contributed a lot in the field of music. She composed and published a book entitled *'Saṅgīta-Kaumudī'* that became very popular among students and music-lovers. Smt. Kulshreshtha worked as Member, Music & Dance Committee of the Education Deptt. of Uttar Pradesh for six years. *'Saṁskṛta-Saṅgita-Vaijayanti'* a Commemoration Volume in honour of Smt. Kamlesh Kumari Kulshreshtha, edited by her eldest daughter Dr. Sushma Kulshreshtha & Dr. Satyapal Narang was ceremonially released by Prof. A.P. Mishra, Ex. Vice-Chancellor, University of Allahabad at a special function organised at India International Centre, New Delhi on 23rd November 1991 on her birth anniversary.

Dr. J. S. Kulshreshtha is blessed with three efficient daughters who are adept in music and dance but working in different fields. The eldest daughter Dr. (Ms.) Sushma Kulshreshtha, Sangeet Prabhakar, M. A. (Sanskrit), D. Phil., Diploma in Pāli Language & Literature, Purāṇetihāsācārya, D. Litt., F. R. A. S. (London) and author of eight published works is teaching in the Deptt. of Sanskrit, Daulat Ram College, University of Delhi since 1966. She has published 60 research papers in reputed National & International journals. She has participated and presented papers in 70 National and International Conferences, Seminars, Workshops etc. and represented India at a number of International Conferences held in Philadelphia, Berkeley (U. S. A.), Leiden (Netherlands), Toronto (Canada) and Vienna (Austria).

The second daughter Dr. (Mrs.) Aruna Mohan, M.Sc., Ph. D., Diploma in German and French is Reader in Zoology in Gargi College, University of Delhi. She has participated and presented papers at a number of National & International Conferences in India and abroad. She has a number of published papers to her credit. She was visiting Professor in Calabar University, Nigeria for some years.

The youngest daughter Ms Abha Kulshreshtha, B. Sc., M. A., LL.B., D.LL., C.F.Sc., M.B.I.M. (London) in an advocate practising in

District Court & High Court of Delhi. Her special field is Labour Law. She has published four books on Labour Laws and a good number of research papers in reputed journals. She has participated and presented papers at a number of National and International Conferences held in India and abroad. She has represented India at International Conferences held at California University, Berkeley, U.S.A. and the Kern Institute, University of Leiden, Leiden, the Netherlands.

Dr. J. S. Kulshreshtha is blessed with two grand-daughters. Miss Manjari Mohan has successfully completed her education in the famous Modern School, Barakhamba Road, New Delhi securing 86% marks and distinction in all the five subjects in class XII Examination. Now, she is a student of Gargi College, University of Delhi studying in B.Sc. Hons. (Ist Yr.) in Micro-biology. Miss Pallavi Mohan is studying in class VIII in Modern School, Barakhamba Road, New Delhi.

We wish good health, long life and bright future to our revered Acharya Dr. J. S. Kulshreshtha.

—x—

DR. SUSHMA KULSHRESHTHA

D. Litt., F.R.A.S. (London)

* High School (1958) & Intermediate (1960), Ist class, U.P. Board; B.A. (1962) Ist class, Banaras Hindu University; M.A. Sanskrit (1964) Ist class Ist, Vikram University, Ujjain; D. Phil (1969) Allahabad University; Diploma in Pāli Language & Literature (1972) Ist position with Distinction, University of Delhi; Purāṇetihāsācārya (1981) Ist class, Sampurnanand Sanskrit University, Varanasi; D. Litt. (1989) Ranchi University.

* Teaching Sanskrit in Daulat Ram College, University of Delhi since 1966. Guiding M. Phil. and Ph. D. Scholars since 1970.

* Completed a research project entitled 'A Study of Music and Dance in the works of Kālidāsa' approved by the University Grants Commission, New Delhi. The findings of this project have been published in five volumes.

* Working on a research project entitled 'Music and Dance in Bṛhattrayī' approved by the University Grants Commission, New Delhi.

* Working on a research project entitled 'Erotics in Kālidāsa' to be published in ten volumes.

* Participated and presented a paper in the VI World Sanskrit Conference held at Pennsylvania University, Philadelphia, U.S.A. in 1984 as a nominee of I.C.H.R., Govt of India. As a nominee of U.G.C. participated and presented papers in the VII World Sanskrit Conference held at Kern Institute, University of Leiden, Leiden, the Netherlands and in the VIII International Buddhist Conference at California University, Berkeley, U.S.A. in 1987. Sponsored by U.G.C. and the Deptt. of Culture, Ministry of H.R.D., Govt. of India, participated and presented a paper in the XXXIII International Congress of Asian and North

African Studies (ICANAS) held at Toronto, Canada in 1990. Participated in the VIII World Sanskrit Conference held at Vienna, Austria in 1990. Participated and presented a paper in the Viśva Saṁskṛta Sammelana organised at Mahākālanagarī Ujjayinī during Siṁhastha Mahāparva in 1992 and presided over the Sahitya Section there.

* Invited to participate and present paper in the XXXIV International Congress of Asian and North African Studies to be held at the Hong Kong Academy for performing Arts and the Hong Kong Arts Centre, Hong Kong in August, 1993 and in IX World Sanskrit Conference to be held in the International House of the University of Melbourne, Melbourne, Victoria, Australia in January 1994.

* Participated in 70 sessions of the World Sanskrit Conference, ICANAS, International Buddhist Conference, All India Oriental Conference, Indian Philosophical Congress, Akhila Bhāratīya Darśana Pariṣad, All India Kālidāsa Samāroha, U.G.C. Seminars & NCERT Workshops and presented papers.

* *BOOKS*:

(i) Saṁskṛta-Gītāñjali, 1973.

(ii) Bṛhattrayī—eka tulanātmaka adhyayana, 1983.

(iii) Kālidāsa-sāhitya evaṁ Vādana-kala, 1986.

(iv) Kālidāsa-sāhitya evaṁ Saṅgīta-kala, 1988.

(v) Kālidāsa-sāhitya evaṁ Paśupakṣi-saṅgīta, 1989.

(vi) Meghadūta-Saṅgīta-Pallavi, 1990.

(vii) Saṁskṛta-Saṅgīta-Vaijayantī (ed.), 1991.

(viii) Ṛtusaṁhāra-Saṅgīta-Surabhi, 1992.

(ix) Kālidāsa-sāhitya evaṁ Kāmakalā, Vol. I, Nāyaka-nāyikā-guṇālaṅkāra (In Press).

(x) Saṅgīta-ratnaśatī (In Press).

(xi) Saṁskṛta-Saṅgīta-Jagadīśvarī, Dr. J. S. Kulshreshtha Felicitation Volume (under preparation).

* *RESEARCH PAPERS*

60 articles and research papers published in reputed journals, Felicitation and Commemoration Volumes in India and abroad.

* Elected member of the Executive Committee of All India Oriental Conference (1976-86, 1990-93). Elected President of the Technical Sciences & Fine Arts Section of the XXXIII AIOC held at Calcutta in 1986 and the XXXVI Session of AIOC to be held at Poona in May, 1993.

* *BOOKS RELEASED AT SPECIAL FUNCTIONS* :

(i) *Bṛhattrayī—eka tulanātmaka adhyayana* was released by Prof. P.N. Kawthekar, Ex. Chairman, Central Sanskrit Board, Govt. of India and Ex. Vice-Chancellor, Vikram University, Ujjain at Shri Sadashiv Kendriya Sanskrit Vidyapeeth, Puri (Orissa) in July, 1983.

(ii) *Kālidāsa-sāhitya evaṁ Vādana-kalā* was released by Kālidāsa-expert Dr. Shridhar Vasudev Sohoni, I. C. S. (Retd.), Vice-Chancellor, Tilak Maharashtra Vidyapeeth, Pune, at Kālidāsa Samāroha, Vikram University, Ujjain in November, 1986.

(iii) *Kālidāsa-sāhitya evaṁ Saṅgīta-kalā* was ceremonially released by the Hon'ble Vice President of India, Dr. Shankar Dayal Sharma at a special function held at Uparashtrapati Niwas on 5th May, 1989.

(iv) *Kālidāsa-sāhitya evaṁ Paśupakṣi-saṅgīta* was ceremoniously released by the Hon'ble Vice President of India, Dr. Shankar Dayal Sharma at a special function organised at the Vice President's House on 18th January, 1990.

(v) *Saṁskṛta-Saṅgīta-Vaijayantī*, Smt. Kamlesh Kumari Kulshreshtha Commemoration Volume was ceremonially released by Prof. A.P. Mishra, Ex. Vice-Chancellor, University of Allahabad at a special function organised at India International Centre, New Delhi on 23rd November, 1991 on her birth anniversary. Prof.

P. N. Kawthekar, Ex. Chairman, Central Sanskrit Board, Govt. of India and Ex. Vice-Chancellor, Vikram University, Ujjain was the Chief Guest. The function was presided over by Prof. R. K. Sharma, Ex. Vice-Chancellor, K.S.D. and Sampurnanand Sanskrit Universities, Darbhanga and Varanasi, Ex. Director, Rashtriya Sanskrit Sansthan, New Delhi and Ex. Jt. Education Adviser (Language and Scholarship) Govt. of India, New Delhi.

We wish good health, long life and bright future to our revered Dr. Sushma Kulshreshtha.

—×—